Bernard Andreae

Aphrodite, Hera und Heroen

Adaptionen griechischer Meisterwerke der Malerei in römisch-kampanischen Wandgemälden

AKADEMIE DER WISSENSCHAFTEN UND DER LITERATUR

Abhandlungen der
Geistes- und sozialwissenschaftlichen Klasse
Jahrgang 2013 • Nr. 6

Bernard Andreae

Aphrodite, Hera und Heroen

Adaptionen griechischer Meisterwerke der Malerei in römisch-kampanischen Wandgemälden

AKADEMIE DER WISSENSCHAFTEN UND DER LITERATUR • MAINZ
FRANZ STEINER VERLAG • STUTTGART

Eingereicht am 28. Juni 2013. Zum Druck genehmigt am selben Tag,
ausgegeben im Dezember 2013.

Henner von Hesberg zum 24.12.2012 gewidmet.

Umschlagbild:

Aphrodite. Detail aus dem Wandgemälde *Admetos und Alkestis*
(aus Herculanum, 50–79 n. Chr., H 1,66 m L 1,45 m, Neapel, MANN Inv. 9027,
s. Abb. 9, S. 137)

Bibliografische Information Der Deutschen Nationalbibliothek

Die Deutsche Nationalbibliothek verzeichnet diese Publikation in der Deutschen Nationalbibliografie; detaillierte bibliografische Daten sind im Internet über <http://dnb.d-nb.de> abrufbar.

ISBN: 978-3-515-10667-2

Druck: betz-druck GmbH, Darmstadt

Gedruckt auf säurefreiem, chlorfrei gebleichtem Papier

Printed in Germany

Inhalt

Vorwort

Aphrodite trägt einen verklärenden Nimbus. Hera preisen Dichter als »kuhäugig«, so warm und groß sind ihre Augen. Heroen sind die mythischen Helden und Liebenden der Griechen.

Zunächst sollte diese Abhandlung »Athenion von Maroneia« heißen im Anklang an die vorhergehende Abhandlung Nr. 2/2011 »Apelles von Kolophon«. Doch im Gegensatz zu diesem berühmtesten griechischen Maler ist Athenion nahezu unbekannt. Die Pflicht der Wissenschaft, auch diesen großen Maler der Vergessenheit zu entreißen, muss sich nicht schon im Titel der Abhandlung ausdrücken, zumal wenn diese von weiteren griechischen Malern, auch anonymen, handelt. Deren Ruhm sollte nicht durch die Hervorhebung eines bestimmten geschmälert werden, selbst wenn er vor allen anderen bedeutend ist.

Die antiken Wandbilder in Rom, Pompeji, Herculanum stellen am liebsten Heroen und große Liebhaber vor Augen. Das legt den Titel »Helden und Liebespaare« nahe. Doch das ist zu plakativ.

In römischen Adaptionen griechischer Meisterwerke der Malerei werden auch die beiden griechischen Göttinnen der Liebe, Hera und Aphrodite, verherrlicht.

Hera mit dem Beinamen *Teleia*, die Vollendete, ist die Göttin der ehelichen Liebe. Der Name Hera ist die weibliche Form von Heros; sie ist eine Heldin. Wo wären die großen Augen der seit Homer *boopis*, das heißt Kuhäugige, genannten Göttermutter Hera schöner dargestellt als in dem Gemälde Abb. 7?

Aphrodite, *ámphipolos Kyprís*, ist die Geschäftige aus Zypern, die sich nach Sophokles, Trachinierinnen 860-861, »lautlos als Anstifterin dieser Dinge offenbart«. Tragische Liebe der von Aphrodite getriebenen griechischen Heroen ist das Thema vieler der hier behandelten Bilder.

Der letztendlich gewählte Titel hatte sich ergeben. Er besagt, dass die Römer, deren Göttinnen der Liebe die lateinischen Namen Juno und Venus tragen und deren Helden auf Lateinisch *herói* genannt werden, nicht *héroes*, sich für die Ausstattung ihrer Häuser mit Bildschmuck häufig griechischer Schöpfungen bedienten und diese der römischen Sehweise anpassten.

Für Hinweise zu danken habe ich Adolf H. Borbein, Maria Rosaria Borriello, Wilhelm Hornbostel, Hellmut Flashar, Sascha Kansteiner, Heide Lauter-Bufe, Benedetto Marzullo, Norbert Miller, Frank C. Möller, Paolo Moreno, Eric M. Moormann, Ernst Osterkamp, Florian Pehlke, Franz und Hannemarie Wirtz, Clemens Zintzen.

Die Einrichtung von Text und Bildern für den Druck und das Lektorat übernahm wieder mit gewohnter Gründlichkeit Olaf Meding, wofür ich ihm vielmals danke.

Motto

… iam pectus amictu
laxabat, cum grande tuba sic iussus Agyrtes
insonuit; fugiunt disiectis undique donis
inplorantque patrem commotaque proelia credunt.
illius intactae cecidere a pectore vestes,
iam clipeus breviorque manu consumitur hasta.
– mira fides – Ithacumque umeris excedere visus
Aetolumque ducem.

… Schon machte frei er die Brust vom Gewande,
als mit der großen Tuba, wie ihm befohlen, Agyrtes
blies. Sie verstreuten überall hin die Geschenke und fliehen;
flehen zum Vater, sie glauben, es sei ein gefährlicher Angriff.
Jenem dort fielen, ohn' dass er hingriff, vom Körper die Kleider.
Schon sind der Schild und die kurze Lanze gepackt mit den Händen.
– Wunderbar –, selbst den Helden aus Ithaka überragt er
und den Fürsten der Aetoler.

(Dichterische Beschreibung des Bildes ›Achilleus auf Skyros‹
des Athenion von Maroneia in der Achilleis I, 874-881, 95 n. Chr.
verfasst von Publius Papinius Statius in Neapel.)

Einleitung

»Wenn er nicht schon in jugendlichem Alter gestorben wäre, könnte man niemand mit ihm vergleichen«[1]. Dieses erstaunliche, von Plinius in seiner Naturgeschichte 35, 134 mitgeteilte Urteil über Athenion von Maroneia sollte im Grunde das Interesse der Wissenschaft wecken. Es hängt aber aufs engste zusammen mit der grundsätzlichen Frage nach dem Verhältnis römisch-kampanischer Wandmalereien zu griechischen Vorbildern. Diese Frage galt eigentlich als erledigt[2].

Durch die Beobachtungen zu »Apelles von Kolophon und seiner Bedeutung für das Telephosbild aus Herculanum im antiken und modernen Kunsturteil«[3] ist sie erneut virulent geworden. Von diesem Bild (Abb. 6) ist keine andere

1 Lateinisch Plinius 35,134: *quod nisi in iuventa obiisset, nemo conpararetur.*
2 Croisille, Jean-Michel, La peinture romaine (Paris 2005), passim.
3 Andreae (2011).

Wiederholung bekannt. Es lässt sich nur aus sich selbst heraus beurteilen. In allen Fällen, wo ein Gemälde offensichtlich das gleiche Vorbild adaptiert wie ein anderes, wo es also mehrere Versionen des gleichen Bildgeschehens gibt, finden sich Unterschiede. Diese Tatsache macht jedes dieser Bilder, wie LUDWIG CURTIUS schon 1929 in seinem grundlegenden Buch über die Wandmalerei Pompejis[4] feststellte, »zu einem nur bis zu gewissem Grade lösbaren Problem«. Unter Bezug darauf hat ROGER LING[5] erklärt: »It is in short, generally a futile exercise trying to recapture great Greek paintings from their Roman copies and adaptions«. Diese Ansicht hat sich allgemein durchgesetzt[6].

Es gibt einen weiteren, bisher noch nicht genauer erklärten Widerspruch: Ausgerechnet im Augusteum, der sogenannten Basilica von Herculanum, wo sich die beiden großen in der Abhandlung 2011 behandelten Gemäldekopien (Abb. 3 und 6) fanden, waren unterhalb von diesen oder neben ihnen[7] zwei stilistisch ebenso virtuose Bilder auf die Wand gemalt. Sie stellen die Erziehung von Achilleus zum Saitenspiel[8] und von Olympos zum Flötenspiel[9] dar, wurden aus der Wand heraus geschnitten und werden mit den anderen im MANN unter den Inv. 9109 und s.n. aufbewahrt. Nur das erstere ist gut erhalten (Abb. 1).

Ohne eine bestimmte Mitteilung von PLINIUS hätte man beide Gemälde gewiss auch für hervorragende Wiederholungen griechischer Originalgemälde gehalten. PLINIUS berichtet aber in seiner Naturgeschichte 36, 29, im spätrepublikanischen Abstimmungslokal, den SAEPTA JULIA an der Via Flaminia, der Hauptstraße des antiken Rom, seien zwei marmorne[10] Statuengruppen von Pan (gemeint ist Marsyas) und Olympos sowie Cheiron und Achilleus ausgestellt[11].

---

4 CURTIUS (1929) 209f.

5 LING (1991) 134.

6 Siehe Anm. 2.

7 BORRIELLO (2008) 42.

8 HELBIG (1868) Nr. 1291; BORRIELLO (2008) 255-256.

9 BORRIELLO (2008) 139 Abb. 28.

10 Davon muss man ausgehen, weil die Skulpturengruppen im 36. Buch erwähnt werden, welches die Steine behandelt.

11 PLINIUS, Naturalis Historia 36, 29: Und nicht weniger erhebt sich die Frage, wer den Olympos und den Pan, den Cheiron mit Achilleus in den Saepta geschaffen hat, zumal ihre Berühmtheit sie als würdig erachtet, dass ›die Aufseher‹ mit ihrem Leben für sie haften müssen. Lateinisch: *nec minor est in Saeptis, Olympum et Pana, Chironem cum Achille qui fecerint, praesertim cum capitali satisdatione fama judicet dignos.* Der Versuch von ANNE WEIS, LIMC VII 44 zu Nr. 41 = LIMC III Abb. Daphnis 8 a

Da diese Skulpturengruppen so berühmt waren, dass die Aufseher mit ihrem Leben für deren Unversehrtheit einstehen mussten, waren es gewiss klassische Werke.

Den klassischen Stil des mittleren 4. Jahrhunderts vertreten auch die beiden kleineren Gemälde aus dem Augusteum, die dasselbe Thema haben wie die Skulpturen im Abstimmungskokal zu Rom; sie sind aber in einer malerischen Manier ausgeführt, welche man als griechisch und typisch spätklassisch ansehen möchte. Der Maler jener Schauwand kannte diese Manier so genau, dass es ihn offenbar keine unüberwindlichen Schwierigkeiten kostete, eine Marmorstatue in diesem Stil in ein Gemälde umzusetzen.

Oder soll man annehmen, es habe auch zwei spätklassische Gemälde der beiden Figurengruppen gegeben, die im Augusteum von Herculanum kopiert wurden? Da viele griechische Figuren-Gruppen wie der von Plinius 36, 37 selbst ins Spiel gebrachte Laokoon bekannt sind, die sowohl in Malerei als auch in plastischer Form aus Marmor oder Bronze bekannt waren, darf man das nicht ausschließen. Der Hinweis auf die Plinius-Notiz 35, 29 könnte allzu einfach erscheinen, wenn nicht Folgendes zu denken gäbe: Besonders bei dem wesentlich besser erhaltenen Gemälde mit Cheiron und Achilleus (Abb. 1) erkennt man den vom Sockel der Schauwand gebildeten gemalten Raum, in dem die Gruppe steht. Diese in den gleichen Farben und derselben Manier ausgeführte Sockelecke kann keinesfalls auf ein hypothetisches griechisches Ur-Gemälde zurückgehen, sondern sie ist die Umsetzung vitruvscher Architektur, wie man sie an dieser Stelle erwarten würde, in Wandmalerei. Das gleiche sollte dann auch für die griechische Marmorgruppe gelten. Sie wurde in einer als griechisch angesehenen Maltechnik zu einem Gemälde.

Die Einsicht, dass römische Maler die griechische Malweise so genau nachahmen konnten, erschwert zweifellos den Nachweis im Einzelnen, ob es sich bei einem Gemälde in Rom, in den Vesuvstädten oder anderswo um die mehr oder weniger gelungene Kopie eines griechischen Ur-Gemäldes handelt oder um eine Neuschöpfung im alten Stil. Wenn man aber trotz allem einleuchtende Argumente für die Bezeichnung ›Kopie‹, – vielleicht ist es im Fall der Malerei

---

S. 261 nachzuweisen, dass Plinius mit der Nennung von Pan statt Marsyas doch nicht irrt, trifft auf die Schwierigkeit, dass in dem Gemälde aus Herculanum, Borriello (2008) 139 Abb. 28, eindeutig Marsyas dargestellt ist.

treffender, von Adaption[12] zu sprechen –, und wenn man durch vergleichende Beurteilung, also Kopienkritik, auch eine Qualitätsbestimmung findet, dann ist der angestrebte Gewinn für die Geschichte der griechischen Kunst in jedem Fall so groß, dass man nicht aufgeben darf.

Schließlich gibt es ja wenigstens eine Adaption eines griechischen Meisterwerks in Pompeji, dessen Überlieferungswert niemand[13] bezweifelt, das Alexandermosaik. Auch hier gehen die Meinungen über Datierung und Auftraggeber im Einzelnen auseinander. Unwiderlegt ist immer noch die Einsicht, dass das Vorbild ein im Mosaik sehr genau wiedergegebenes Gemälde von der Wende des 4. zum 3. Jahrhundert ist, das Seleukos I. Nikator in Auftrag gegeben hatte[14].

Hier werden deshalb diesem Ansatz entsprechend die vierzehn unseres Erachtens eindrucksvollsten und am besten erhaltenen römisch-kampanischen solcher Gemäldekopien erneut[15] behandelt. Sie geben auf bestimmte Fragen noch neue Antworten.

---

12 Siehe unten S. 115.

13 Allerdings werden entscheidende Forschungsergebnisse auch nicht von allen zur Kenntnis genommen. Erwähnt sei SAATSOGLOU-PALIADELLI, CHRYSSOULA, Copyist and Painter, Reconsidering the ALEXANDER MOSAIC (München 2013) im Druck; DIESELBE, Der Jagdfries am Grab Philipps II. in Vergina-Aigai. Eine neue Weltsicht, in: BRINCKMANN (2013) 148-257. Die Autorin schlägt vor, in der Profillinie des Jagdteilnehmers mit Kausia (6) a. O. 277 Ptolemaios zu erkennen. Es ist aber eindeutig Seleukos Nikator, s. die folgende Anm. 14. Das hat auch KUCEWICZ, CEZARY, Zum Schutz des Königs. Die Leibwächter in der Armee Alexandres des Großen, Antike Welt 2/2013, 27-31, nicht bemerkt. Er erkennt a. O. 29 Abb. 4 in dem Lanzenträger zu Fuß, dessen Profil hinter der Hand Alexanders erhalten ist, einen Hypaspisten und fragt sich nicht, wie ein Fußsoldat mit dem in voller Karriere voranpreschenden Alexander Schritt halten kann. Der Künstler musste ihn gewiss auf Geheiß des Auftraggebers, der als Retter Alexanders erscheinen wollte, an diese Stelle setzen.

14 ANDREAE (2003, 2012^2) 14-17; ANDREAE (2004) 69-82.

15 LAUTER-BUFE (1967) vertritt die richtige Ansicht, dass man die Frage nach den griechischen Vorbildern nicht aufgeben darf. In der Zeit, als sie meine Vorlesungen 1962–1965 in Bonn verfolgte und dann mit ihrem Gatten, HANS LAUTER, nach Bochum kam, haben wir oft über das Thema diskutiert, über dass sie in Köln promovierte. Ich möchte ausdrücklich darauf hinweisen, dass sie a. O. 4-8, hier Abb. 5: Io und Argos, 20-29, hier Abb. 4: Perseus und Andromeda, 29-33, hier Abb. 17: Dirke, 40-44, hier Abb. 3: Theseus, 47-53, hier Abb. 16-17: Herakliskos, 49-62, hier Abb. 22: Herakles und Nessos sowie vier weitere behandelt, die hier nicht wieder aufgenommen werden. Die Autorin, mit der wir uns im gegebenen Fall aus-

Als richtungweisend anzusehen ist eine Untersuchung von VOLKER MICHAEL STROCKA aus dem Jahr 2006[16]. Behandelt werden darin die Wiederholungen bestimmter Vorbilder mit Darstellungen des römischen Helden Aeneas. STROCKA hat auch weiterführende Bemerkungen zum Umgang der Maler mit Musterbüchern vorgelegt[17]. Da es offenbar auch in der römischen Ikonographie wie bei Aeneas Adaptionen älterer Vorbilder gibt, darf man das für die griechischen Mythen nicht von der Hand weisen.

Diese Abhandlung sollte, wie im Vorwort mitgeteilt, ursprünglich den Titel ›Athenion von Maroneia‹ tragen. Nach der von Hinweisen des holländischen Archäologen JAN SIX[18] ausgehenden, erneuten Behandlung des Apelles von Kolophon glaubte ich, dabei nicht stehen bleiben zu dürfen, sondern wollte auch die Überlegungen von SIX zu dem berühmten Maroniten[19] wieder ins Bewusstsein rufen. Doch es genügte nicht, das Interesse auf den trotz aller Erwägungen bisher weitgehend unbekannten Maler, einen späten Zeitgenossen des Apelles von Kolophon, zu lenken. Es war an der Zeit, dass hier, in Kapitel 14, aufgrund der Frage nach der Bildfassung von Cheirons Erziehung des jungen Achilleus zum Saitenspiel (Abb. 1) präzise Argumente für die bisher von vielen[20] nur vermutete Annahme vorgetragen werden, dass Athenion von Maroneia tatsächlich der Schöpfer des in zwei einander ergänzenden Fassungen überlieferten Bildes von Achilleus auf Skyros (Abb. 20 und 11) war. PLINIUS 35, 134 schätzte diesen Maler hoch und erklärt, wie eingangs mitgeteilt, zweifellos aufgrund der Mei-

---

einander setzen werden, hat das hier wieder aufgenommene Problem im ersten Satz ihrer Dissertation richtig erfasst: »Man hat nur die Wahl, nach den Vorbildern zu fragen, oder sich mit der römischen Form zu begnügen«.

16 STROCKA (2006).

17 a. O. 280, 295.

18 ANDREAE (2011) 12-15.

19 SIX (1921). Man muss allerdings zugeben, dass seine Ausführungen zu Motivübereinstimmungen in zahlreichen zum Vergleich herangezogenen Bildern, die z. B. eine Autorschaft des Athenion für das Pentheusbild (Abb. 15) beweisen sollen, einem fast den Mut nehmen, von dieser Art Forschung stichhaltige Ergebnisse zu erwarten. Andererseits gibt es auch weiterführende Beobachtungen wie diejenige a. O. S. 2 und 9, dass griechische Meister ein nahezu quadratisches Format dem hochrechteckigen vorgezogen haben. Das spricht dafür, die Gemälde in der Südwestexedra des Vettierhauses (Abb. 14 und 15) auf griechische Vorbilder, wenn auch nicht von Athenion, zurückzuführen.

20 Zusammengestellt von RODERICH KÖNIG und GERHARD WINKLER, PLINIUS 35, S. 326 s. v. Athenion zu Abb. 8.

nung seiner Gewährsleute, dass man niemand mit ihm vergleichen kann. Die Wissenschaft darf ihm seinen Nachruhm[21] nicht vorenthalten.

Das Gleiche gilt sowohl für die anderen dem Namen nach bekannten griechischen Maler als auch für diejenigen, deren Meisterwerke anonym bleiben. Namentlich bekannt sind außer Athenion von Maroneia und Apelles von Kolophon, dessen Behandlung das Problembewusstsein geschärft hat, nur noch Nikias von Athen[22] und Artemon[23]. Demnach sind immerhin fast ein Drittel der hier behandelten Gemälde, nämlich Abb. 4–6, 18–21, Adaptionen von Bildern, deren griechische Schöpfer man benennen kann. Umso bedauerlicher ist es, dass die übrigen Meisterwerke trotz intensiver Forschung mit keinem der überlieferten Namen bedeutender Maler verbunden werden können[24]. Auch diesen Malern darf man den Ruhm nicht schmälern, indem man einen einzigen im Titel der Abhandlung hervorhebt. Wie im Vorwort erklärt, führten diese Überlegungen schließlich zum allgemein gehaltenen Titel der Abhandlung, worin deren Inhalt angesprochen wird.

Voraussetzungen

Bilder an der Wand gefallen den meisten Menschen noch mehr als Skulpturen im Raum, auch wenn deren Schaffung gewöhnlich aufwendiger ist. Bei den klassischen Griechen war das nicht so, jedenfalls wenn man den überlieferten Zeugnissen vertrauen darf. Die antiken Schriftquellen[25] zur Bildhauerkunst sind fast doppelt so umfangreich wie diejenigen zur Malerei. In den Beschreibungen dieser Textstellen werden die Meisterwerke der griechischen Malerei noch höher

21 Ludwig Curtius (1929) 208 hielt, ohne den Namen des Athenion von Maroneia zu erwähnen, das Bild, das man mit guten Argumenten auf ihn zurückführen kann, für »eines der größten uns erhaltenen Meisterwerke antiker Malerei«. Dieses Qualitätsurteil eines Kenners ist bei der Suche nach dem Schöpfer des Bildes ernst zu nehmen.

22 Siehe unten S. 31-38.

23 Siehe unten S. 86-94.

24 So scheint es auch nicht möglich, den Theseus Abb. 3 auf einen der drei Maler zurückzuführen, die nach Plinius 35, 69, 129, 137 gleichfalls einen Theseus gemalt haben: Parrhasios, Euphranor, Aristolaos siehe unten S. 28.

25 SQ Nr. 1641 – 1980 Malerei, 1142-1632 Plastik.

gelobt als die Skulpturen der berühmtesten Bildhauer[26] von Myron, Phidias und Polyklet bis zu denen von Skopas, Praxiteles, Lysipp und Phyromachos[27], die jedoch in der Neuzeit beliebter sind. Der Grund dafür ist, dass die großen griechischen Gemälde, von denen zeitgenössische und spätere antike Betrachter und Bewunderer berichten, inzwischen ausnahmslos[28] verloren sind, weil sie auf vergänglichem Material, nämlich gewöhnlich auf Holztafeln gemalt waren.

Meisterwerke der griechischen Skulptur sind hingegen nicht nur in zahlreichen Originalen erhalten, sondern auch durch ziemlich exakte römische Kopien kenntlich[29], während von griechischen Gemälden keine gesicherten Nachbildungen bekannt zu sein scheinen. Jedenfalls gibt es bisher kein bebildertes wissenschaftliches Buch, das der Frage nachgeht, welche Figurenbilder römischer Maler ihre griechischen Vorbilder so genau nachahmen, dass man sie ebenso wie die römischen Bronzenachgüsse griechischer Plastiken oder die meisterhaften Marmorkopien griechischer Bronzen, zum Beispiel den Kasseler Apollo des Phidias[30] oder die Laokoongruppe im Vatikan[31], als kunstgeschichtlich vollgültigen Ersatz für die zerstörten Originale ansehen könnte.

---

26 Diese sind in ihrer Siebenzahl aufgeführt in der Kolumne 7, 3-9 der Laterculi Alexandrini, einem Berliner Papyrus der Zeit um 100 v. Chr. Diehls, H., LATERCULI ALEXANDRINI aus einem Papyrus ptolemäischer Zeit. Abhandlungen der königlich preussischen Akademie der Wissenschaften vom Jahr 1904, 7. Leider ist die Kolumne 6 der Zographoi der Maler weitgehend verloren, im Fragment der Zeile 18/19 wird aber Zeuxis von Herakleia aufgeführt. Der Verfasser des Papyrus war offenbar gut informiert. Die Malerliste umfasste16 Zeilen, wahrscheinlich 14-29, war also viel länger als die nur einschließlich der beiden Zeilen für die Überschriften Agalmatopoioi und Andriantopoioi nur 9 Zeilen umfassende Bildhauerliste.

27 Diehls a. O. Kolumne 7, 8/9. Vgl. Andreae (2001) 25.

28 In kleinem Format erhalten sind die archaischen Holztäfelchen der Zeit um 540 v. Chr., die in der Höhle von Pitsa bei Korinth gefunden wurden und im Nationalmuseum zu Athen aufbewahrt werden, Andronikos, Manolis u. a., Die Museen Griechenlands (Athen 1976) S. 69 Abb. 49. Sie können eine Vorstellung vom Material geben, bleiben hier aber beiseite, da die römische Malerei keine archaischen Vorbilder kopierte.

29 Über römische Kopien als Kunstwerke s. Andreae (2012) 75-79.

30 Eindrucksvolle Abbildung einer bronzenen Rekonstruktion des verlorenen Originals mit Hilfe der Marmorkopien in: Brinkmann (2013) 289 Abb. 371 (Edilberto Formigli) nach Wünsche, Raimund, Zur Farbigkeit des Münchener Bronzekopfes mit der Siegerbinde, in: Brinkmann, Vinzenz und Wünsche, Raimund, hg, Bunte Götter. Die Farbigkeit antiker Skulptur (München 2004) 143.

31 Andreae (2001) 9.

Die Frage, welche Gattung der Bildenden Kunst vorzüglicher sei, die Malerei oder die Skulptur, die der Florentiner Literat und Humanist BENEDETTO VARCHI in seiner berühmten Schrift »Il paragone«[32], das heißt »Der Vergleich«, zu beantworten versuchte und zugunsten der vielansichtigen, dauerhaften, vollständigen, materiell realen Skulptur beantwortete, hat der heutige Kunstmarkt, wie die erzielten Preise zeigen, zugunsten der Flächenkunst entschieden. Die Frage drängt sich auch Museumsdirektoren und Ausstellungsmachern auf, die feststellen müssen, dass Gemälde-Ausstellungen gewöhnlich besser besucht werden als solche von Skulpturen.

Was nun die hier in nähere Betrachtung gezogenen antiken Gemälde angeht, so kann man an das Urteil von MICHELANGELO erinnern, um das BENEDETTO VARCHI ihn gebeten hatte. MICHELANGELO erklärte kurz: »Die Malerei erscheint mir umso besser, je mehr sie der Skulptur ähnelt«[33]. Das wird auch ein entscheidendes Kriterium bei der Beurteilung der hier vorgestellten und als solche bewerteten römischen Kopien griechischer Vorbilder in der Malerei sein.

Dieses Kriterium war offenbar auch für antike Betrachter von Kunstwerken grundlegend. Der griechisch schreibende Autor einer »Naturgeschichte der Tiere«[34] AELIAN (ca. 170–230) bezeichnet als die am besten gelungenen Tierbilder in der Kunst: die Kuh des Myron, die Pferde des Aglaophon und die Hirschkuh des Apelles, also die ansehnlichsten unter den Quatrupeden in Europa in zwei Bronzeskulpturen und im Ausschnitt eines Gemäldes, das als ebenso plastisch angesehen wird wie die Werke der Plastik.

Dieser Begriff kommt vom griechischen Wort *plastiké* und meint die Kunst des Bildens und Gestaltens. Er wurde in den neueren Sprachen ebenso wie im Deutschen eingeengt auf die Bildhauerkunst. Der Griechische Begriff lehrt aber, dass die Bildhauer und Maler der Zeit, als der Begriff geprägt wurde, das gleiche wollten: plastische Figuren. PLINIUS 35, 131 erwähnt, dass einer der bedeutendsten griechischen Maler, NIKIAS VON ATHEN darauf achtete, das die Ge-

---

32 VARCHI (2012) veröffentlichte 1549 die erste systematische Abhandlung über den »paragone« zwischen der Malerei und der Bildhauerei. Dieser grundlegende Quellentext wurde vor kurzem (im Jahr 2012) erstmals in deutscher Übersetzung vorgelegt. Der italienische Text und die deutsche Übertragung werden in synoptischem Satz geboten und ausführlich kommentiert.

33 VARCHI (2012) 276-279, italienisch: »Io dico, che la pittura mi par più tenuta buona, quanto va verso il rilievo«.

34 De natura animalium IV 50.

stalten sich aus der Ebene hervor wölbten[35]. Schattenhafte, impressionistische, verschwommene Figuren sind nicht griechisch. Wo wir sie in der römischen Malerei antreffen, erachten wir sie als untauglich für eine Betrachtung in dieser Abhandlung, so ansprechend sie sein mögen.

Wie sind die Griechen zu ihrer plastischen Malerei gekommen? Hier müssen wir weiter ausholen.

Tatsächlich kann man die Geschichte der Stilentwicklung in der Zeit, die hier ins Auge gefasst wird, auch als eine Geschichte der von den Griechen vorangetriebenen und von den Römern vollendeten gesellschaftlichen, wirtschaftsgeschichtlichen und politischen Entwicklung des Mittelmeerraums im Altertum verstehen. Die in der Ilias geschilderte Adelsgesellschaft stellt sich in der geometrischen Malerei dar, die darauf folgende Gesellschaft von Entdeckern, Handel Treibenden und mit neuen Welten Konfrontierten in den ersten Figurenbildern der abendländischen Malerei nach der kretisch-mykenischen. Sie wird von Szenen angeregt, die im Odyssseus-Mythos verdichtet sind. In diese Zeit, der Generation nach der Gründung der ersten griechischer Koloniestädte in Sizilien und Unteritalien seit Cumae um 750 und Syrakus 735, fällt auch die vermehrte, ja massenhafte Ausfuhr mit Bildern bemalter Vasen. Das leitet zum Beginn der Ausmalung etruskischer Gräber hin, Malereien, welche eine ganz eigene Gesellschaft schildern. Diese sollte die spätere römische Gesellschaft prägen.

Der etruskischen Gesellschaft ist auch der Erhalt der meisten griechischen Vasen zu verdanken, welche die im Nachhinein gesetzmäßig wirkende Entwicklung von Malerei und Zeichnung nachzuvollziehen ermöglicht. Schließlich liefern die Gründungsdaten der griechischen Koloniestädte als Fundorte das chronologische Gerüst für die Stilgeschichte.

In Griechenland kommt es seit dem 8. Jh. mit der Herausbildung der Stammesgebiete und der Polisstaaten auch zu eigenständigen Kunstübungen an diesen Orten. Aristokratie, Oligarchie, Timokratie (Klasseneinteilung nach dem Vermögen), die sich zur Demokratie weiterentwickeln, werden in Bildkompositionen anschaulich.

In Athen mit seiner großen Kontinuität der mykenischen Kultur, der Einigung Attikas im »Synoikismos« um 950, der gelungenen »Vermischung« jonischer und dorischer Bevölkerungsteile, finden sich, auch wegen der günstigen Verkehrslage und dem durch die Akropolis gesicherten Verteidigungssystem, die

35 Siehe unten S. 32.

von herausragenden Persönlichkeiten genutzten Voraussetzungen zur Vorherrschaft in Griechenland. Diese wirkt sich ebenfalls in der Kunst aus. Seit archaischer Zeit ist es die attische, zunächst schwarz-, seit 530 zunehmend rotfigurige Vasenmalerei, welche in ihren Bildern die entscheidenden Neuerungen der Kunstgattung bietet. Die Vasenmaler, die auch von anderen Orten nach Athen kommen und wegen der noch nicht durch Brillen korrigierbaren Alterssichtigkeit kaum länger arbeiten als dreißig Jahre, also jeweils eine Generation vertreten, verstehen sich als Meister und signieren häufig die Werkstatt-Produkte, was deren Feinchronologie bei der methodischen Betrachtung sichert.

Mit dem beispiellosen Aufleben der Kultur in Griechenland nach den Perserkriegen übernimmt gemäß den umfangreichen Schriftquellen die große Malerei die Führung in der Flächenkunst. Die Vasenmalerei reflektiert diese Tatsache, verliert aber zunehmend an Bedeutung, weil sie die technischen Errungenschaften nicht mitmachen konnte. Das erschwert die Forschung, da besonders aus klassischer Zeit praktisch keine Reste von Wandmalerei oder Tafelbildern erhalten sind. Den Schriftzeugnissen zufolge schätzte die Antike die Meisterwerke griechischer Malerei noch höher als diejenigen der Skulptur. Auch wenn nur ein geringer Bruchteil der Kunstgattung der Malerei erhalten blieb, so handelt es sich doch, auch dank bestimmter Überlieferungszufälle, um eine so hohe Zahl, dass man gleichwohl eine klare Vorstellung von den Fähigkeiten der großen Meister gewinnen kann.

Das Erstaunliche an der griechischen Malerei ist, dass sie die menschliche Figur, die Pflanzen, die leblosen Gegenstände und selbst die Landschaft nicht von Beginn der Kunstübung an einfach auf die Fläche zu bannen suchte. So hatten es noch die altorientalischen, ägyptischen und minoisch-mykenischen Meister gehalten, während sich die seit 1500 in den südlichen Balkanraum vorgedrungenen Griechen über Jahrhunderte hinweg nach und nach jene Gesetze erarbeiteten, die es am Ende erlaubten, durch den Einsatz der richtigen Farbmischung eine genaue, geradezu spiegelbildliche Nachbildung der Natur im ebenen Bild zu schaffen.

Auf dem Weg dorthin wurde schließlich die häufig geäußerte Abneigung gegen eine Wiedergabe der Objekte in einer die Wirklichkeit durch die Perspektive verkürzenden Zweidimensionalität überwunden. Nachdem dies alles in spätklassischer und hellenistischer Zeit erreicht war, sahen sich die Maler etwa seit der Zeit des Augustus im letzten Viertel des 1. Jahrhunderts v. Chr. in der Situation, entweder immer in der gleichen realistischen Weise weiter malen zu müssen, oder eine neue irreale Welt zu erfinden und auf die Fläche zu bannen. Gewählt haben sie die zweite Möglichkeit und haben darin Erstaunliches geleistet, wobei sie gerade die Verkürzung der Wirklichkeit durch die Perspektive in ihrer Gesetzmäßigkeit aufhoben und ganz neue Darstellungsformen entwickelten, wobei oben und unten im Bild hinten und vorn ersetzen konnten.

Verfolgt man den ganzen, auf ein bestimmtes Ziel zu- und von diesem wieder fortführenden Entwicklungsprozess, so ging es zuerst darum, in abstrakter, geometrischer Zeichnung gewissermaßen das Gesetz der Schwerkraft zu erforschen: Man erreichte die Plastizität eines Objekts, indem man dessen Konturen über einem mitgedachten inneren Gerüst einzog beziehungsweise heraus wölbte. Sodann wurde die Umrisszeichnung ständig verfeinert, um in weiteren Schritten auch die Oberfläche des Darzustellenden differenziert und sicher ausführen zu können. Entscheidend war am Ende der archaischen Zeit der Versuch, mit perspektivischen Verkürzungen zu arbeiten – ein wichtiger Schritt zur anscheinend wirklichkeitsnahen Wiedergabe des Wahrgenommenen. Als man schließlich in der rotfigurigen Vasenmalerei durch Aussparung des Grundes bei der Bedeckung der Oberfläche mit alkalischem Tonschlick helle Körper vor eine dunkle Oberfläche stellte und diese ausgesparten Figuren die schwarzen Silhouetten vor hellem Grund ablösten, erlaubte jene Neuerung, auch anschauliche Drehungen und Wendungen der Gestalten wiederzugeben.

Damit einher ging eine wichtige Änderung der künstlerischen Technik: Nicht länger geritzte, sondern mit einer Schweinsborste elastisch gezogene Binnenlinien waren eine bis dato nie gesehene Neuerung. Die Figuren gewannen an Dynamik, Freiheit und raumgreifender Beweglichkeit – freilich nicht auf einmal, sondern über Generationen von Künstlern hinweg.

Die Vasenmalerei lässt in einem fernen Reflex sogar noch die Kunstwerke des Polygnotos von Thasos und seiner Zeitgenossen erahnen, welche um die Mitte des 5. Jahrhunderts v. Chr. im klassischen Griechenland, besonders in Delphi und Athen, zu bewundern waren. Polygnotos wurde als der Bedeutendste unter den großen griechischen Malern der hohen Klassik gerühmt. Damals gelangte die Vasenmalerei jedoch an ihre Grenzen, als es darum ging, Licht und Schatten um die Körper spielen zu lassen. Diese neue Maßstäbe setzende Errungenschaft ist, wie wir aus den Schriftquellen wissen, mit den Namen des Apollodoros, des Parrhasios von Ephesos (gest. um 388 v. Chr.) und seines Zeitgenossen Zeuxis von Herakleia verbunden, von deren eigenen Werken jedoch nichts erhalten blieb. Nachklänge finden sich immerhin auch später noch.

Zum Beispiel in der nun zur Blüte strebenden unteritalienischen Vasenmalerei, aber möglicherweise auch in Gemäldekopien auf Marmor aus Herculanum im Archäologischen Nationalmuseum von Neapel.

Wollte man das Ziel bezeichnen, dem alle sich entwickelnde künstlerische Meisterschaft der antik-griechischen Malerei zustrebte, so fände man es wohl in einem Bild des im Altertum berühmtesten Malers, APELLES VON KOLOPHON (4. Jh.). Es begegnet uns – folgt man neuen Argumenten der Forschung – in der um 60 n. Chr. geschaffenen Kopie eines Gemäldes aus Herculanum, die heute im archäologischen Museum in Neapel zu sehen ist (Abb. 6). Bei Betrachtung dieses Bildes wird verständlich, warum man mit PLINIUS 35, 79[36] sagen kann, dass APELLES mehr für die Malerei getan hat als alle übrigen Maler zusammen.

Der römische Admiral und Naturforscher PLINIUS (23/24–79 n. Chr.) hat übrigens nicht nur das besagte Bild persönlich gesehen, sondern wir verdanken ihm auch die einzige erhaltene Geschichte der griechischen Kunst, geordnet nach Meisterwerken. Die Tatsache, dass PLINIUS seine 37 Bücher umfassende Naturgeschichte um 75 n. Chr. dem regierenden Kaiser Titus widmete, bezeugt wieder die poltisch-soziologische Bedeutung von Wissenschaften und Künsten.

Allerdings sind der Kunst nur einige Seiten in drei nach dem Material geordneten Büchern der Kunst vorbehalten: Metall für Statuen aus Bronze, Buch 34, Erden für die daraus gewonnenen Farben, Buch 35, und Steine für die Marmorskulptur, Buch 36. Hervorgehoben sei, dass PLINIUS 35, 94 die künstlerische Technik, Glanzlichter zu setzen, als die wirkliche Vollendung der plastischen Form im Bild herausstellt. Seine überhaupt an Hinweisen reichen Ausführungen sollen in der vorliegenden Abhandlung anhand konkreter Beispiele vorgestellt und erläutert werden.

Erinnert sei auch daran, dass PLINIUS ums Leben kam, als er den vom Vesuvausbruch 79 n. Chr. bedrohten Menschen Hilfe bringen wollte. Dieser Katastrophe [37]sind die meisten Reste antiker großer Malerei zu verdanken. GOETHE[38] beschreibt sehr anschaulich, dass schon zu seiner Zeit viele Gemälde, da-

36 Lateinisch PLINIUS 35, 79: *picturae solus prope quam ceteri contulit.* PLINIUS geht an der gleichen Stelle sogar so weit zu erklären: »Er hat alle Maler, die jemals gelebt haben und alle Zukünftigen nach ihm übertroffen.«; Lateinisch: *Verum omnes prius genitos futurosque postea superavit.*

37 J. W. GOETHE, Italienische Reise, 13. März 1787: »*Es ist viel Unheil in der Welt geschehen, aber wenig, das der Nachwelt so viel Freude gemacht hätte*«.

38 J. W. GOETHE, Italienische Reise, 11. März 1787.

runter alle hier behandelten, sofern sie vor 1787 ausgegraben waren, sich nicht mehr an Ort und Stelle befanden, sondern aus der Wand heraus geschnitten wurden: »Diese Zimmer, Gänge und Galerien aber aufs heiterste gemalt, die Wandflächen einförmig, in der Mitte ein ausführliches Gemälde, jetzt meist ausgebrochen, an Kanten und Enden leichte und geschmackvolle Arabesken, aus welchen sich auch wohl niedliche Kinder- und Nymphengestalten entwickeln, wenn an einer andern Stelle aus mächtigen Blumengewinden wilde und zahme Tiere hervordringen. Und so deutet der jetzige ganz wüste Zustand einer erst durch Stein- und Aschenregen bedeckten, dann aber durch die Aufgrabenden geplünderten Stadt auf eine Kunst- und Bilderlust eines ganzen Volkes, von der jetzo der eifrigste Liebhaber weder Begriff, noch Gefühl, noch Bedürfnis hat«.

Fragt man, wieso gerade in der kampanischen Kleinstadt Pompeji und dem angrenzenden Gebiet die am besten erhaltenen Werke – nicht zuletzt der spätklassischen großen Malerei – überliefert sind, so ist die Tragödie des Vesuvausbruchs, der die Städte am Golf von Neapel unter meterhohen Ascheschichten begrub, auf diese Weise aber auch konservierte, nur die Voraussetzung. Entscheidend ist der Zeithorizont der beiden Jahrhunderte vor und nach Christi Geburt, in dem dank der imperialen Friedenspolitik und der ungehinderten Handelstätigkeit ein so großer allgemeiner Reichtum errungen war, dass weite Bevölkerungsschichten sich palastartige Wohnungen leisten und deren Wände bemalen lassen konnten. Diese Wende-Zeit war sowohl retrospektiv als auch zukunftsorientiert und hat neben eigenständigen Werken wichtige frühere Meisterwerke in ausgezeichneten Adaptionen festgehalten.

Auch die ausgemalten Gräber von Tarquinia, Vulci, Pästum und anderen Orten Italiens, wo aus vorrömischer Zeit die meisten der bemerkenswerten Zeugnisse antiker Malerei erhalten blieben, verdanken ihre Entstehung einer bestimmten Gesellschaft, in diesem Fall einer ritterlichen, die sich in den Malereien selbst darstellte, und zwar in ihren Gräbern. Auch hier wurden Malereien unter der Erde konserviert. In jedem Fall ist es wichtig, sich die historischen Implikationen klar zu machen, die zur Wahl der vielen Bildthemen, zum Wirken der Auftraggeber und zur Ansprache an die zeitgenössischen und zukünftigen Betrachter führten.

Aus der Epoche der späten Republik und der frühen Kaiserzeit ist es die Ausmalung römischer Häuser vom Boden – der mit Bildmosaiken in einer aus Alexandria stammenden Tradition geschmückt wurde – bis zur Decke, der wir einen schier unerschöpflichen Reichtum an großer Malerei verdanken. Aus der späteren Zeit des Prinzipats, in der ein so folgenreiches Naturereignis wie der Vesuvausbruch fehlt, sind weit weniger und auch nur weniger gut erhaltene Zeugnisse auf uns gekommen. Doch auch, was diese Epoche betrifft, so mangelt es nicht gänzlich an Malereien, die es erlauben, eine Stilgeschichte dieser Kunstgattung zu schreiben. Das Ergebnis ist: Adaptionen griechischer Gemälde finden seit dem 2. Jahrhundert nach Christus nicht mehr das gleiche Interesse wie in der Blütezeit Pompejis. Es wird auch kein weiterer Stil, wie AUGUST MAU die Systeme der pompejanischen Wandmalerei nannte, erfunden, den man als fünften Stil und so weiter bezeichnen müsste. Vielmehr werden die Wände in einer Systematik bemalt, die nach und nach in einer bis zur Linearisierung gehenden Verdünnung den sogenannten vierten Stil der Verbindung von Architekturelementen mit zentralen Bildern fortsetzt.

In jedem Falle lässt sich feststellen, dass die römische Malerei nicht nur – wie in der anderen großen Kunstgattung, der Skulptur – erstaunlich genaue Kopien griechischer Vorbilder geliefert, sondern auch eine ganz eigene Entwicklung der Malerei hervor gebracht hat, die dann im Zuge fortschreitender Abstraktion den Weg zur byzantinischen und mittelalterlichen Malerei bahnen sollte.

Dies alles wird hier vorausgesetzt, wenn wir daran gehen, den Höhepunkt der ganzen, komplexen Entwicklung in einer Darstellung der unseres Erachtens vierzehn bedeutendsten römischen Adaptionen klassischer griechischer Vorbilder zu behandeln. Man versteht diese Darstellung aber auch, ohne sich in Detailproblemen oder gar in Forschungsdiskussionen zu verlieren. Natürlich sollen die neuesten Erkenntnisse in die Darstellung einfließen – etwa zu Fragen nach der Wechselwirkung von Bildinhalten und Stil –, doch werden sie nur insofern thematisiert, als sie dazu beitragen, diese vierzehn Werke antiker Malerei, die offenbar schon das Altertum selbst für herausragend hielt, in ihren Grundzügen einer interessierten Leserschaft ansprechend darzubieten.

Dabei werden auch die antiken Schriftquellen, welche die in den Bildern gestalteten Mythen behandeln, darüber befragt, ob sich ganz bestimmte Texte als denkbare Anregung für die Maler heran ziehen lassen und ob diese Texte die Freude an den Bildern vertiefen können. Zum Beispiel bei Abb. 1 die Erziehung Achills durch den Kentauren Cheiron, die HOMER schon in der Ilias 11, 830 ff. erwähnt: Der vor Troia verwundete Eurypylos weiß, dass Patroklos von Achilleus gelernt hat, Wunden zu salben und zu verbinden: »Ihm, den Cheiron, gelehrt, der gerechteste aller Kentauren.« Dieser Vers klingt wie eine knappe Benennung des Themas von Abb. 1.

Hauptteil

1. Theseus und Minotauros

(Abb. 2: Pompeji, Villa Imperiale[39] */ Abb. 3: Theseus rettet die attischen Knaben aus dem Labyrinth des Minotauros bei Knossos auf Kreta*[40]*)*

Fleisch oder Rosen? Mit dieser ironischen Alternative machte sich im spätklassischen Griechenland der berühmte Maler EUPHRANOR über seinen nicht weniger bekannten Kollegen PARRHASIOS[41] (ca. 420–388 v. Chr.) lustig, der wie er selbst einen Theseus gemalt hatte[42]. Der Spöttische war ein Bildhauer und Maler[43], von dem PLINIUS 35, 128-129 sagt, er habe sich »weit vor allen ausgezeichnet«. Dessen Höhepunkt setzt er – wohl etwas zu früh – in der 104. Olym-

39 Pompeji, Regio VIII A, in situ, ausgegraben 1947, SCHEFOLD (1957) 190; LAUTER-BUFE (1967) 47-53; HODSKE (2007) S. 228 Taf. 134, 1 Kat. 569; MAZZOLENI (2005) 249-251; PAPPALARDO (2009) 127-128, 130-131.

40 Gegenstück zum Telephosbild Abb. 6, ausgegraben 1739, H 2,05 m L 1,80 m, Neapel MANN Inv. 9049; MIELSCH (2001) 145 Abb. 173 sieht römische barocke Elemente in dem Bild; NAVA (2007) 117-119 Marinella Lista; MATTUSCH, CAROLL C., Pompeii and the Roman Villa. Art and Culture around the Bay of Naples (London 2008) 240f. Katalog Nr. 109.

41 RUMPF, ANDREAS, »Parrhasios.« *American Journal of Archaeology,* 55, 1951, 1-12; GSCHWANTLER (1975).

42 PLINIUS 35, 69: »Parrhasios malte auch einen Theseus, ein Bild, das sich zu Rom auf dem Kapitol befunden hat.« Lateinisch: *idem pinxit et Thesea, qua Romae in Capitolio fuit.*

43 HOLTZMANN, BERNARD, Euphranor (actif entre 370 et 325 env. avant J.-C.) Encyclopædia Universalis (Paris 2004) s.v.; MULLER-DUFEU, MARION, La Sculpture grecque. Sources littéraires et épigraphiques, Paris, éditions de l'École nationale supérieure des Beaux-Arts, coll. »Beaux-Arts histoire« (Paris 2002) 559-563, Nr. 1537-160; PALAGIA, OLGA, Euphranor (Leiden 1980); POLLITT, JEROME J.,The Art of Ancient Greece: Sources and Documents, (Cambridge, Cambridge University Press 1990) 93-94 und 167-168; ROLLEY, CLAUDE, La Sculpture grecque II: La période classique, Manuels d'art et d'archéologie antiques (Paris1999) 284-289; ROUVERET, AGNES, Histoire et imaginaire de la peinture ancienne, BEFAR 1989, 274). S. auch ihren Kommentar zu PLINIUS, 36, (Paris 1981); und ihre Ausgabe Adolphe Reinach (1887-1914), Textes grecs et latins relatifs à l'histoire de la peinture ancienne: recueil Milliet, (Paris 1921[1,]1985); TODISCO, LUIGI, Scultura greca del IV Secolo, (Mailand 1993) 91-103; COULSON, WILLIAM D. E., The Nature of Pliny's Remarks on Euphranor,The Classical Journal, 67, 1972, 323-326.

piade (364–361) an. Verstorben ist er jedenfalls erst etwa vierzig Jahre später gegen 325. Über eines seiner Bilder schreibt PLINIUS: »Zu seinen Werken gehört auch ein Theseus, wobei er (Euphranor) sagte, der Theseus des Parrhasios habe sich von Rosen, der seinige aber von Fleisch genährt.«[44] Das Bild des Theseus von Parrhasios hing zur Zeit des PLINIUS (22/23–79 n. Chr.) auf dem Kapitol zu Rom[45], das Wandgemälde des Euphranor befand sich in der Stoa des Zeus Eleutherios am Staatsmarkt zu Athen.

Das geht jedenfalls aus dem Reisebericht des PAUSANIAS 1.3,2 hervor: »Dahinter ist eine Halle gebaut mit Bildern der zwölf Götter. Auf der gegenüber liegenden Wand ist Theseus gemalt und die Demokratia und der Demos«. Man erfährt daraus, dass der Theseus des Euphranor, der seines Erachtens mit Fleisch ernährt war, also keine rosige Haut hatte, zusammen mit der nach mythischer Sicht von jenem eingeführten Demokratia und einer Personifikation des attischen Volkes dargestellt war[46]. Der »von Rosen ernährte« Theseus des Parrhasios war wohl wie in den hier betrachteten Bildern zu Pompeji (Abb. 2) und Neapel aus Herculanum (Abb. 3) mit den geretteten Kindern und dem erschlagenen Minotauros wiedergegeben[47]. Die Frage stellt sich, ob diese Gemälde möglicherweise auf den Theseus des Parrhasios zurück gehen, oder auf einen anderen Maler.

Die Pose ist heldisch. In heroischer Nacktheit bietet Theseus sich dem Betrachter dar. Der Körper wird durch eine sorgfältige Beobachtung der Wirkung von Licht und Schatten auf den Körperumriss plastisch heraus modelliert, indem die gerundeten Partien heller erscheinen und am Kontur eine dunklere, nach vorn verfließende Zone entlang läuft.

Theseus ist soeben aus dem Labyrinth herausgetreten und wird von geretteten Kindern umringt, wendet seinen Kopf aber wie unbeteiligt nach links (vom Beschauer aus nach rechts). Das Ende des Mantels, auf der Innenseite hellblau, liegt noch über der Schulter des Helden, gleitet herab und hängt mit der violetten Seite nach außen über den Unterarm bis tief zum Boden. Das

44 PLINIUS 35, 129. Den Ausspruch des Euphranor überliefert auch PLUTARCH, de glor. Athen. 2,345f (1704), s. GSCHWANTLER (1975) 140f.

45 Siehe oben Anm. 42.

46 GLOWACKI, KEVIN, A Personification of Demos on a New Attic Document Relief, Hesperia 72, 2003, 447–466.

47 Weiteres dazu unten S. 25.

wirkt statuarisch[48]. Zu seinen Füßen ist Minotauros hingestreckt, der mythische Sohn der Gattin des Minos, Pasiphae, die sich von einem Stier hatte begatten lassen. Minotauros hat einen männlichen Körper und einen Stierkopf.

Erstaunlicher Weise sind über den in der Kunst so häufig gestalteten Mythos von Theseus und Minotauros nur äußerst wenige antike Schriftquellen überliefert. Am deutlichsten, wenn auch nur kurz, ist PLUTARCH in der ersten seiner Paralellviten von Theseus und Romulus. In Theseus 19 schreibt er zu Anfang: »Nachdem er (Theseus) in Kreta angekommen war, bekam er, wie die meisten singen, von Ariadne, die sich in ihn verliebte, den Faden und die Belehrung, wie er sich durch die Windungen des Labyrinthes hindurchfinden könnte, tötete den Minotauros und fuhr mit Ariadne und den athenischen Kindern davon«.

Besonders wichtig erscheint, dass PLUTARCH nicht nur erwähnt, dass viele darüber gedichtet haben, sondern auch zwei Zeilen aus verlorenen Dramen des EURIPIDES überliefert, die als Fragmente 969 und 997 in die Sammlung derselben aufgenommenen wurden:

Fragment 969: »Ein missgestaltetes Wesen, üble Spottgeburt«, und:

Fragment 997: »doppelgestaltig Wesen, Stier und Mensch«.

Diese zufälliger Weise bekannt gewordenen Verse lassen es als besonders bedauerlich erscheinen, dass die vollständigen Texte verloren sind und dass man nicht mehr sagen kann, welche Verdichtungen die Maler zu der Darstellung der »üblen Spottgeburt« angeregt haben könnten, auch wenn zu denken gibt, dass gerade in Tragödien des EURIPIDES[49] besonders viele der in römisch-kampanischen Gemälde umgesetzte Mythen begegnen. Die Betrachtung der Bilder des »doppelgestaltig Wesens« allein muss für den Verlust der Texte entschädigen.

Wir beginnen mit Abb. 3: Theseus, in vollendeter Körpergestalt von sieben Kopfhöhen, hat das rechte Standbein und das linke Bein leicht zur Seite auf den vorderen Ballen des Fußes gestellt. Einer der aus dem Labyrinth befreiten Knaben umschlingt hockend den Unterschenkel und küsst die Wade seines Retters. Ein anderer, in der linken Bildhälfte, steigt mit dem äußeren Bein auf einen am

48 Vgl. den Perseus und den Argos in den auf Nikias zurück geführten Gemälden Abb. 4 und 5. Sehr ähnlich ist auch der Hermes im Ixionbild des Vettierhauses bewegt, MAZZOLENI (2005) 343.

49 Von den hier behandelten Mythenbildern sind es fast die Hälfte, Abb. 2.3: Theseus, verloren; Abb. 6: Telephos 438, in Fragmenten bekannt; Abb. 7: Alkestis 438; Abb. 14: Antiope ca. 408, verloren; Abb. 15: Bakchai 406; Abb. 20.21: Leute von Skyros, Entstehungsdatum unbekannt, verloren.

Boden liegenden Felsbrocken. Mit der Rechten hat er die seitlich ausgestreckte Hand von Theseus in die Gabel zwischen seinem Daumen und Zeigefinger gelegt, umfasst von unten herumgreifend den Unterarm des Theseus nahe der Ellenbeuge und küsst den Knöchel, während die Finger des Helden vorn über die Schulter des Knaben locker herab fallen. Mit der anderen Hand hält Theseus die schlanke Keule, die ein gerettetes Mädchen mit ihrer Rechten unten umklammert.

Das Bild ist auf der rechten Seite in unregelmäßigem Verlauf abgebrochen. Man sieht aber noch das Gesicht des stehenden Mädchens in ihrem gelben, gegürteten Chiton. Die Halbwüchsige hält ihre linke Hand locker vor den Leib. Ein viertes Kind, das seinen linken Arm über den Unterarm von Theseus geworfen hat, küsst seinen Ellenbogen, so dass die Unterseite des kleinen Gesichtes von den in der Beuge sich zusammen schiebenden Mantelfalten verdeckt ist.

Links oben sitzt auf einem abschüssigen Felsenrand eine weibliche Gestalt in violettem Kleid. Sie wendet dem Betrachter den Rücken zu, über den sie einen Köcher schräg hängen hat. Ihr Kopf ist mit dem oberen Bildrand abgeschnitten. Es dürfte sich um eine Ortsgottheit handeln.

Das gegenüber der Kopie des Telephos-Gemäldes von Apelles Abb. 6. im Augusteum von Herculanum in der Zeit Neros (54–68) auf die Wand gemalte, von dort 1739 abgenommene und im MANN Inv. 9049 aufbewahrte Bild ist insofern besonders interessant, als es eine weitere augusteische Verwandlung des gleichen Vorbildes von ca. 10 v. Chr.[50] (Abb. 2) und eine aussagereiche römische Umbildung claudischer Zeit (41–54) gibt[51]. Man muss also ein gemeinsames Original voraussetzen. Leider wurde das Bild (Abb. 3) allzu weit gehend restauriert und hat damit an Attraktivität eingebüßt. Es muss gleichwohl als eines der im griechischen Sinn eindrucksvollsten römischen Wandbilder gelten.

Wir kommen damit auf die oben gestellte Frage zurück, ob es auf das von Plinius 35, 69 erwähnte Bild des Theseus von der Hand des klassischen Malers Parrhasios aus Ephesos[52] im Römischen Kapitol zurück gehen kann. Seine

50 Hodske (2007) 228 Taf. 134,1 Kat. 569; Pappalardo (2009) 128, 130f.

51 Siehe S. 28f.

52 Plinius 35, 67-68: Parrhasios wurde zu Ephesos geboren und brachte selbst viele Fortschritte. Er war der erste, der Symmetrie in die Gemälde brachte, und der erste, der einen sprechenden Ausdruck, dem Haar Feinheit, dem Munde Anmut verlieh und nach dem Zugeständnis der Künstler in den äußeren Umrisslinien die größte Vollkommenheit erreichte. Dies gilt als die äußerste Feinheit der Malerei. Denn die

Schaffenszeit wird von circa 420 bis 388 datiert. Es wäre gewinnbringend, wenn man das Bild aus Herculanum auf diesen Maler zurückführen könnte, weil sich dann der überraschende Naturalismus anschaulich machen ließe, der in der von Plinius 35, 65 mitgeteilten Anekdote vorausgesetzt wird: Zeuxis habe Trauben so genau gemalt, dass Vögel sie naschen wollten, woraufhin Parrahsios einen Schleier darüber malte, den sogar Zeuxis für echt hielt. Auch die Ausführungen von Plinius 35, 67–68[53] zum Kontur wären besonders durch das Gemälde aus der Villa Imperiale (Abb. 2) vor Augen zu führen. Es ist aber aus stilgeschichtlichen Überlegungen kaum möglich, das Vorbild der Gestalt von Theseus in den hier behandelten pompejanischen Gemälden vor der Mitte des 4. Jahrhunderts anzusetzen, auch wenn es unter diesen Bildern eine frühe Stufe vertritt.

Das wird besonders deutlich, wenn man die Fassung in der Villa Imperiale (Abb. 2) zur Stilbestimmung heran zieht. Diese augusteische Fassung, welche die Gruppe gewiss ganz anders als im Vorbild in einen weiten Raum stellt, ist, was die Körper der Figuren angeht, klassizistischer als die neronische Ausführung (Abb. 3). Die Figuren sind einander aber doch so ähnlich, dass man ihre gemeinsame vorbildliche Schöpfung demselben spätklassischen Zeithorizont

---

Körper und die Innenfläche der Gegenstände zu malen, ist sicherlich eine große Leistung, worin aber auch viele andere Ruhm erlangt haben; die Konturen der Körper zu zeichnen und dort, wo die Malerei aufhört, richtig abzusetzen, findet man selten in der Kunstentwicklung. Die Kontur muss nämlich um sich selbst herum laufen und so aufhören, dass sie anderes erwarten lässt und hinter sich auch das zeigt, was sie verbirgt. Diesen Ruhm haben dem Parrhasios Antigonos und Xenokrates, die über Kunst schrieben, zugestanden, indem sie ihn auch rühmend hervorhoben und nicht nur anerkannten; es gibt sonst noch viele Spuren seines Griffels auf Tafeln und Pergamenten, die, wie man sagt den Künstlern von Nutzen sind. Im Vergleich mit sich selbst scheint er jedoch bei der Darstellung der Innenfläche der Körper weniger vollkommen gewesen zu sein. Lateinisch Plinus 35, 67-68: *Parrhasius Ephesi natus et ipse multa contulit. primus symmetrian picturae dedit, primus argutias voltus, elegantiam capilli, venustatem oris, confessione artificum in liniis extremis palmam adeptus. haec est picturae summa subtilitas. corpora enim pingere et media rerum est quidem magni operis, sed in quo multi gloriam tulerint; extrema corporum facere e desinentis picturae modum includere rarum in successu artis invenitur. ambire enim se ipsa debet extremitas et sic desinere, ut promittat alia post se ostendatque etiam, quae occultat. hanc ei gloriam concessere Antigonus et Xenocrates, qui de pictura scripsere, praedicantes quoque, non solum confitentes; et alias multa graphidis vestigia exstant in tabulis ac membranis eius, ex quibus proficere dicuntur artifices, minor tamen videtur sibi conparatus in mediis corporibus exprimendis.*

53 Siehe die vorhergehende Anm. 52.

zuordnen darf. Für die Stilbestimmung eignet sich besonders ein Blick auf das Köpfchen des die Hand des Retters küssenden Knaben. Man wird ihn schwerlich anders datieren können als den Kopf des Theseus aus Herculanum (Abb. 3), der seinerseits ein wenig früher geschaffen sein dürfte als der um 340 datierte Hermes des Praxiteles[54]. Alles spricht für eine Zuweisung an eine frühere Stilstufe als diejenige der übrigen Bilder in dieser Abhandlung. Deshalb setzen wir diese Bilder an den Anfang.

Theseus war ein beliebtes Thema der Griechischen Malerei. Außer Parrhasios erwähnt Plinius 35, 129 und 137 noch zwei Maler, die, was ihre Zeitstellung angeht, in Frage kämen, aber aus anderen Gründen auszuschließen sind: erstens den oben[55] schon erwähnten Euphranor, weil sein Werk kein Tafelbild, sondern eine Figurengruppe in einem Wandgemälde war, und zweitens einen gewissen Aristolaos, weil er als Sohn und Schüler des Pausias erst in der zweiten Hälfte des 4. Jahrhunderts tätig war und sein Gemälde außerdem Theseus wohl ebenfalls in einer Gruppe mit einer Personifikation des attischen Volkes zeigte[56]. Bei Aristolaos haben die Argumente, weshalb er schwerlich der Schöpfer des Urbildes war, allerdings nicht die gleiche Stringenz wie bei Euphranor.

Da die Frage aber kaum zu lösen ist, verfolgen wir sie nicht weiter, sondern wenden uns dem Vergleich mit einem dritten Theseusbild zu, dem 1867 ausgegrabenen und aus der Wand geschnittenen Gemälde MANN Inv. 9043 aus dem Haus des Gavius Rufus VII 2,16[57]. Es lässt wie kaum ein anderes Bild die Umwandlung des griechischen Vorbildes in eine römische Komposition nachvollziehen. Theseus wird durch spiegelbildliche Umsetzung des Standmotivs mit rechtem Spiel-, linkem Standbein, über die Schulter gelegter Keule und geradeaus zum Beschauer gewandtem Kopf konsequent in eine frontal betrachtete Gestalt umgebildet. Sie beherrscht die nun nicht mehr diagonal, sondern zentral aufgebaute Komposition mit ihren beiden den Blick schräg von hinten nach vorn führenden Flügeln. Das betont auch die Dreiteilung des Hintergrundes in die helle Turmwand in der Mitte und die dunkleren Wände auf der rechten und der linken Seite. In der letzteren öffnet sich mit seinem

---

54 Maderna (2004) Abb.296 a-d; Pasquier/Martinez (2007) 97-100.

55 Siehe oben Anm. 43.

56 Glowacki, Kevin, A Personification of Demos on a New Attic Document Relief, Hesperia 72, 2003, 447-466.

57 Pompeji VII 2,16; Zevi (1992) 251; Hodske (2007) 228 Taf. 134,2 Kat.427; Elsner (2007) 91-92 fig. 4.2; Roberts (2013) 207 Abb. 242.

braunen Gewände der Torbogen zu dem noch dunkleren Labyrinth. Aus diesem kommt schräg von hinten ins Bild geschoben, der Leichnam des am Boden liegenden erschlagenen Minotauros hervor. Auch er verhält sich zum Minotauros aus dem Augusteum-Gemälde (Abb. 3) spiegelbildlich.

Das ist auch beim Bild im Cubiculum b der Villa Imperiale zu Pompeji (Abb. 2) so und bleibt zu berücksichtigen, wenn dessen Verhältnis zum gemeinsamen Original abschließend noch einmal beurteilt wird.

Der Blickführung von hinten schräg nach vorn ist auch die Gruppe der Eltern auf dem rechten Flügel des Bildes MANN Inv. 9043 unterworfen. Ein grauhaariger, weiß gekleideter Vater, legt dem vor ihm stehenden Jungen in heller Tunika und braunroter *Toga exigua*, wie man das knappe römische Obergewandt nennt, die Hand auf die Schulter und deutet mit der anderen auf den toten Minotaurus. Der Knabe führt staunend den Zeigefinger zu seinen Lippen. Da der Mann sich vorbeugt, werden die Gesichter der drei Frauen hinter ihm fast ganz sichtbar, während die Köpfe der in der dritten Reihe stehenden zu mehr als der Hälfte verdeckt werden. Die beiden Kinder, die Hand und Bein ihres Retters küssen, sind auch etwas anders bewegt als im Augusteum-Gemälde (Abb. 3), stimmen aber ziemlich genau mit dem Bewegungsmotiv im Bild der Villa Imperiale (Abb. 2) überein.

Das spricht, wenn wir uns jetzt wieder diesem Bild zuwenden, auf den ersten Blick dafür, dass dies auch im gemeinsamen Vorbild so war. Es muss aber auch die Möglichkeit in Betracht gezogen werden, dass das augusteische Bild der Villa Imperiale (Abb. 2) und das claudische aus dem Haus des Gavius Rufus (Abb. 3) zwei Schritte bei der Verwandlung der griechischen in eine römische Komposition darstellen. Die augusteische Komposition der Villa Imperiale von ca. 10 v. Chr. könnte ohne weiteres dem pompejanischen Maler claudischer Zeit, also der vierziger Jahre, bekannt gewesen sein, so dass er aus dieser Komposition übernommen hat, was seiner Sehweise entsprach, während der neronische Maler in Herculanum um 60 n. Chr. das Vorbild selbst möglichst genau wiedergeben wollte. Dafür spricht die Dichte dieser Komposition sowie insbesondere die Tatsache, dass die Ortsgöttin links oben vom Rücken und nicht wie in der Villa Imperiale (Abb. 2) von vorn gesehen ist, wo neben ihr eine zweite im Profil wiedergegebene Betrachterin des Ereignisses sitzt. Diese dürfte zur Füllung des geweiteten Raums hinzugefügt worden sein.

Auch die Athenastatue im Hintergrund kann schwerlich im Original vorgebildet gewesen sein. Sie ergibt am Ort des Labyrinthes in Knossos auf Kreta keinen Sinn und wirkt wie eine illustrative Erläuterung für die zeitgenössischen Betrachter: Theseus war König der Stadt, die von Athena ihren Namen hat. Die Weitung des Bildraumes in dieser Verwandlung des Vorbildes ist ebenfalls typisch augusteisch. Dieser Weitung des Bildraumes ist, wie gesagt, wohl auch die Verdoppelung der Ortsgöttinnen[58] zu verdanken.

Es bleibt also dabei, dass die neronische Fassung des Bildes von der Stirnwand des Augusteums die besonders genaue Kopie eines griechischen Vorbildes ist. Das gleiche darf man bei den drei anderen für diesen Ort gewählten Bildern, Abb. 1, 6 und dem Bild von Marsyas und Olympos[59] annehmen, wenn auch bei den beiden kleineren wohl je einer Skulpturengruppe[60]. Wegen der statuarischen Formung des Theseus, die auch für das gemalte Vorbild vorauszusetzen ist und die an Skulpturen von Praxiteles und Lysipp erinnert, muss man dieses Vorbild in spätklassische Zeit, um die Mitte des 4. Jahrhunderts datieren. Malerische Eigenheiten des Stils dieser Zeit werden wahrscheinlich von der klassizistischen augusteischen Verwandlung des Vorbildes im Einzelnen noch genauer wiedergegeben als von der neronischen Kopie. Zu beachten sind in Abb. 2 die gesättigte Körperfarbe des Inkarnates von Theseus und der beiden Knaben oder die hellen und dunklen Schraffuren an Kopf und Oberkörper des Minotauros[61]. Das Bild von Theseus wurde an den Anfang der Untersuchung gestellt, weil es die Problematik der ganzen Untersuchung deutlich machen kann. Man hat es in jedem Fall mit Adaptionen zu tun, die auch eine eigene Sicht zur Anschauung bringen. Wichtig erscheint dabei die Einsicht, dass die neronisch-flavische Zeit, also die letzte Epoche der Wandmalerei vor dem Untergang Pompejis im Jahre 79 n. Chr. besonders genaue Kopien griechischer Gemälde der Spätklassik bevorzugte.

---

58 Dass in Adaptionen des Bildes »Perseus und Andromeda« von Nikias (s. Anm. 69, 1 und 2) zwei Ortsgöttinnen begegnen, liegt daran, dass Aktai, das heißt Klippen, nur im Plural begegnen.

59 Siehe oben Anm. 9.

60 Siehe Anm. 11.

61 Besonders gut wiedergegeben in Mazzoleni (2005) 350f.

2. Nikias von Athen,[62] Allgemeines sowie: Perseus und Andromeda

(Abb. 4 Perseus und Andromeda[63])

»Der beste Maler seiner Zeit«, so urteilt PAUSANIAS, I 29,15, als er das Staatsgrab des Nikias, Sohn des Nikomedes[64] bei seinem Besuch des Friedhofs am Kerameikos in Athen erwähnt. Oder besagt der kurze Satz, in dem PAUSANIAS das griechische Wort *zographein* = malen auseinanderzieht und schreibt: »*zoa aristos grapsai ton eph'autou*« Nikias sei der beste Maler von *zoa* = Tieren gewesen?[65]

Da PAUSANIAS, VII 22,6, an der Zugangsstraße zur Stadt Triteia in Achaia eine von Nikias bemalte Stele mit der Darstellung eines Paares erwähnt und einen daneben stehenden »Diener mit Speeren, der Hunde führt, wie sie für jagende Menschen passend sind«, wird man das nicht einfach von der Hand weisen dürfen. Auch PLINIUS 35, 134 notiert: Nikias »gab am glücklichsten von den vierfüßigen Tieren die Hunde wieder«. Man sollte sich aber im Zweifel doch auf die Philologen verlassen, die übereinstimmend die Version vorziehen: »Der beste Maler seiner Zeit«.

Praxiteles (370–320), so schreibt PLINIUS 35, 133, gefielen diejenigen Marmorwerke am besten, an die Nikias, dessen Höhepunkt er, wenn auch mit Zweifeln, in die 112. Olympiade (332–329) setzt, seine Hand gelegt hatte. Dass Nikias in der zweiten Hälfte des vierten Jahrhunderts wirkte, geht auch aus anderen Quellen hervor, etwa Demetrios von Phaleron (345–280). Er teilt in seiner »Redekunst 76« mit, Nikias habe großartige Gegenstände bevorzug, PLUTARCH, der Nikias mehrfach erwähnt[66], stimmt mit diesem Zeitansatz überein. FRONTO, ad verum 1 bezeichnet die von Nikias bevorzugten Gegenstände als *obscura* = düster. CLAUDIUS AELIANUS in den »Vermischten Geschichten« III 31 schreibt, Nikias sei so beschäftigt gewesen mit Malen, dass er häufig zu speisen vergessen habe, da sein Denken völlig von seiner Tätigkeit beherrscht wurde. Nikias war also in römischer Zeit noch sehr geschätzt.

---

62 SQ 1811-1826.

63 Siehe unten Anm. 69,3.

64 GENGLER (2000) 143-146 weist nach, dass die Änderung des Vatersnamens in Nikodemos nicht notwendig ist.

65 MORENO, PAOLO, EAA Secondo Supplemento IV 1974-1993 (1996) 20-21.

66 De gloria Athen. 2; An seni sit gerenda resp. 5.4; Non posse suaviter vivi sec. Epic. 11,2.

Von diesem Maler werden in den antiken Schriftquellen (SQ 1811–1825) außer der schon erwähnten Stele in Triteia ein Bild des Dionysos im Tempel der Concordia zu Rom erwähnt, ein Bild des Hyakinthos, das nach Plinius 35, 151 Augustus von Alexandria nach Rom brachte. Tiberius ließ es im Augustustempel in Rom ausstellen. Besonders berühmt war eine Nekyia, das heißt eine Unterweltsszene, die Nikias nicht dem König Ptolemaios I. (306–286) verkaufen wollte, sondern seiner Vaterstadt Athen schenkte, sowie die Darstellungen unsterblicher Frauen: Nemea, Artemis, Kalypso; weiter und besonders wichtig werden eine Befreiung der Andromeda durch Perseus und die Bewachung der Io durch Argos erwähnt. Denn nur diese beiden zuletzt genannten Gemälde sind es, die nach weitgehend übereinstimmender Forschungsmeinung in römischen Anverwandlungen bekannt sind. Für diese Abhandlung wurden nur diejenigen pompejanischen Gemälde von Andromeda und Io ausgewählt, die eine Stilbestimmung der Malerei des Nikias erlauben.

Über dessen Stileigenart teilt Plinius 35, 131 ein ungemein treffendes Urteil mit: »Er achtete auf Licht und Schatten und sorgte vornehmlich dafür, dass die Gestalten aus der Fläche hervor traten«, das heißt plastisch wirkten. Betrachtet man die beiden hier abgebildeten Gemälde (Abb. 4, 5), wird man zugeben, dass die Stileigenart knapper kaum zu bestimmen ist.

Die Themen, die Nikias auswählte, sind bedeutend. Im Mythos von Perseus sind in verschiedenen Versionen[67] mehr Motive enthalten als in anderen Heroenmythen: Es beginnt mit der Furcht des Königs Akrisios von Argos vor dem Orakel, ein Enkel werde ihm gefährlich. Vergeblich sind die Versuche, dies zu verhindern, indem er zunächst die Tochter Danae in ein unzugängliches Gemach einschließt, sie dann, als Zeus sie im Goldregen befruchtet hatte, mit dem Söhnchen Perseus in einer Kiste dem Meer übergibt. Doch wieder wachen die Götter über der beiden Leben. Zeus lässt die im Meere treibende Kiste von

67 Im Gegensatz zum Mythos von Theseus und Minotauros sind zu dem über Perseus und Andromeda ziemlich viele griechische und römische Schriftquellen, sowohl epische, insbesondere von Hesiod als auch historische und handbuchartige, überliefert: Hesiod, Theogonie 280; Hesiod, Der Schild des Herakles 216-230; Hesiod, Eoien, 129,11; 135,3; Herodot, Historien 2,91; 6,53; 7,61; 7,150; Vergil, Catalepton, 9, 33. Vergil, Aeneis, 7, 372; Ovid, Metamorphosen IV 665-739; Bibliotheke des Apollodor 1,87; 1,94; 2,35-59; 3,117; Perihegesis tes hellados 1,22,7; 2,15,3-4; 2,16,2-3; 2,18,1; 2,20,4; 2,21,5–7; 2,22,1; 2,23,7; 2,27,2; 3,1,4; 3,2,2; 3,17,3; 3,18,11; 3,20,6; 4,2,4; 4,35,9; 5,18,5; 10,10,5.

Poseidon an Land spülen, auf die Kykladeninsel Seriphos, oder, in einer anderen Version, an die Küste Italiens. Fischer nehmen sie auf [68] und behüten sie auch gegen die Nachstellungen des örtlichen Königs Polydektes. Dieser will Perseus beseitigen und sendet ihn aus, der Gorgo Medusa das Haupt abzuschlagen, das jeden, der es anblickt, versteinert. Perseus hatte sich bereit erklärt, bis ans Ende der Welt zu gehen.

Athene gibt ihm den spiegelnden Schild, mit dem er die Gorgonenfratze gefahrlos anschauen kann. Um die Medusa zu finden, überlistet er ihre Schwestern, die Grauen (Graien oder Gorgonen), die nur einen Zahn und ein Auge wechselseitig benutzen. Sie weisen ihm den Weg zu den Nymphen, die ihm Tarnkappe, Flügelschuhe und Beutel zum Aufbewahren des grausigen Hauptes geben. Er schlägt es mit Hilfe des ihm von Hermes oder Hephaistos verliehenen Sichelschwertes der jüngsten Gorgone Medusa (Herrscherin), der einzigen sterblichen, ab. Sie ist von Poseidon schwanger und gebiert aus den Adern des Halses die dämonischen Wesen Chrysaor, das heißt Goldschwert, welches der mythische Krieger schon bei der Geburt in Händen hielt, und Pegasos, das geflügelte Pferd, das Perseus zu dem seinen machte.

Auf der Rückreise aus Äthiopien sieht er die schöne Andromeda an einen Felsen gekettet und befreit sie. Da ihre Mutter Kassiopeia sich rühmte, so schön zu sein wie die Töchter des Meergottes Nereus, hatte Poseidon ein Untier geschickt, dem Andromeda zum Opfer werden sollte, doch Perseus rettet und heiratet sie. Er versteinert seine Feinde, auch Polydektes auf Seriphos, wohin er zurückkehrt, bevor er, nach der versehentlichen Tötung seines Großvaters mit seinem Onkel Proteus die Herrschaft in Argos gegen die in Tiryns tauscht, von wo aus er Mykene gründet.

Der Mythos war den Römern am Golf von Neapel durch die Metamorphosen des Ovid IV 669–739 bekannt. Diese Verse lesen sich geradezu wie angeregt von der Betrachtung des erwähnten Gemäldes (Abb. 4): Andromeda erscheint Perseus mit ihren an den Felsen geschmiedeten Armen wie eine Marmorstatue. Nur der Wind bewegt ihre Haare, die Augen sind mit Tränen gefüllt.

Erhalten ist das Bild, das nach der gefestigten Forschungsmeinung auf die Andromeda des Nikias zurück geht, in drei Varianten, die im Nationalmuse-

68 Vgl. das Bild MANN Inv. 111212, Nava (2007) 107, Floriana Miele.

um von Neapel nahe bei einander aufgehängt sind und sich so gut vergleichen lassen[69].

Die Haltung der Figuren und die Farbigkeit sind in allen drei, ganz verschieden großen Wandausschnitten weitgehend ähnlich. In dem eindrucksvollsten Bild aus der Casa dei Dioscuri (Abb. 4) sind nicht wiedergegeben die beiden links auf dem Felsabhang sitzenden Ortsgöttinnen, die *Aktai,* das heißt Klippen. Das Bild ist hochrechteckig und nicht nahezu quadratisch wie die beiden anderen. Da auch das andere auf ein Original des Nikias zurückgehende Bild quadratisch ist, wird man das Bild (Abb. 4) für einen Ausschnitt aus dem Urbild ansehen müssen. Es ist aber in der Plastizität der Körper und Gewandung so viel sorgfältiger, dass man es für die Kenntnis der Malweise des Nikias heranziehen muss[70].

Dass es sich um ein spätklassisches Vorbild handelt, geht unter anderem auch aus der Tatsache hervor, dass die beiden Hauptgestalten nicht in der gleichen Größe erfasst sind, sondern Perseus über einen Kopf größer ist als Andromeda. Es ist typisch klassisch, dass in einem Bild jede Figur ihren eigenen Maßstab hat. Besonders deutlich ist dies in der Kopie des Bildes (Abb. 6) von Apelles zu sehen, des kleinasiatischen Zeitgenossen des Atheners Nikias.

Während Apelles aber die Malerei in den vier herben Farben bevorzugte, verwendete Nikias offenbar besonders gern auch die blühenden Farben: gelb

69 1. Aus Pompeji, Ins. Occ. VII 15,13,10. Casa del Principe di Montenegro, L 1,03 m H 1,10.5 m, ausgegraben 20. Februar 1851, MANN Inv. 8997; Bragantini (2009) 108f. Scheda 7 Fiorenza Grasso.
2. Aus Herculanum, Palestra in Sangiorgio Insula Orientalis II 4, 19 L 0,38 m H 0,38 m, MANN Inv. 8993; Bragantini (2009) 110 Scheda 8 Fiorenza Grasso, häufig verwechselt mit dem zerstörten Gemälde aus Pompeji VI 10,2.12, Casadeicinque scheletri, Ostwand, L 0,43.7 m H 0,44 m.
3. Aus Pompeji VI 9,6, Peristylium, Casa die Dioscuri, L 0,98 m H 1,20 m, MANN Inv. 8998, hier Abb. 4, Bragantini (2009) 318f. Scheda 143 Fiorenza Grasso.

70 Nicht verschwiegen sei das anders lautende Urteil von A. Pontrandolfo in: Baldassarre (2002) 164: »Die Gegenüberstellung der beiden Repliken (MANN Inv. 8993 und 8998, hier Abb. 4) erlaubt es, den flüssigen und malerischen Stil der Tafel aus Herculaneum mit dem Werk aus der Casa dei Dioscuri zu vergleichen, in dem der Schwerpunkt auf der Plastizität liegt. Dennoch sprechen die unbeholfene Darstellung der Körper und der Gesten, sowie die Ausdruckslosigkeit der Gesichter nicht für die These, dass das Bild aus der Casa dei Dioscuri (hier Abb. 4) tatsächlich dem nicht erhaltenen Original des Nikias nahesteht, des bevorzugten Mitarbeiters des Praxiteles, dem dieser die farbige Fassung seiner Marmorarbeit überließ«.

für das Gewand Andromedas und hellblau für das Meer, in dessen rauschenden Wogen sich das von Poseidon zur Strafe für die Überheblichkeit der Mutter geschickte Untier aufbäumt. Perseus mit dem Sichelschwert und dem Gorgonenhaupt in der gesenkten Linken steht mit dem auf einen Felsbrocken hoch gesetzten rechten Bein statuarisch da und blickt auf das Untier im Wasser. Den rechten Arm erhebt er und berührt mit der Hand Andromedas Arm, der noch mit einer ehernen Fessel an den Felsen geschmiedet ist. Auch Andromeda wirkt statuarisch mit dem Griff ihrer Rechten in die Gewandfalten. Es kam Nikias darauf an, dass die Figuren aus der Fläche hervorkamen. Das erreicht er durch den beschatteten Umriss und das Licht auf den sich vorwölbenden Muskeln; stärker bei der sonnengebräunten Männerhaut des Helden als bei der hellen Haut Andromedas. Was Nikias nicht so deutlich gemalt zu haben scheint, vielleicht nicht so wichtig fand, sind Glanzlichter, wie sie für das Bild des Apelles (Abb. 6) und spätere Maler so charakteristisch sind. Deshalb ist dieses Bild in der Abfolge von insgesamt vierzehn Bildern hier an zweiter Stelle eingeordnet, vor dem an vierter Stelle folgenden, in der etwa gleichzeitigen Schaffensperiode der beiden berühmtesten griechischen Maler, allerdings wohl nicht viel späteren Telephosbild des Apelles von Kolophon. Vergleicht man die beiden Bilder mit einander, so begreift man, wie grundverschieden diese beiden Maler in ihrer persönlichen Stileigenart, in ihrer Handschrift sind, auch wenn in der Behandlung der geringen Tiefenräumlichkeit, die mit den Figuren ausgefüllt ist, eine zeitliche Verwandtschaft der beiden Bilder erkennbar wird.

3. Nikias von Athen: Io und Argos

(Abb. 5, 1-3 Io und Argos[71]*)*

Das ebenfalls in mehreren Versionen[72] überlieferte zweite Bild, das man auf das durch die Schriftquellen bekannte Oeuvre des Nikias zurückführen kann, ist das Bild von Io und Argos.

Die einzige Version, die in der Komposition bemerkenswert ähnlich aussieht wie das Andromeda-Bild (Abb. 4), ist das ebenfalls nahezu quadratische Gemäl-

---

71 Pompeji, Regio VII 9,7.8.19.42, Macellum, westliche Eingangswand linker Hand gegen Norden, L 0,68 m H 0,72 m, in situ, ausgegraben 1818. Helbig Nr. 131; Schefold (1957) 196; PPM VII 344; PPP III 172; Hodske (2007) 226 Taf. 131, 3 Kat. 512. Das Wandbild ist inzwischen vollkommen verwaschen, während Mielsch, Harald, Römische Wandmalerei (Darmstadt 2001) 142, Farbbild Abb. 170 es noch in besserem Zustand wiedergibt. Es ist nicht zweifelhaft, dass die Maler in Pompeji das klassische Vorbild treuer wiedergeben als die römische Nachbildung (im Haus der Livia), denn die Beschränkung auf die beiden Figuren, Ihre kompositionelle Verbindung und die Gestaltung des Hintergrundes entsprechen dem, was wir aus anderen Gattungen wie dem Relief oder der Vasenmalerei klassischer Zeit kennen. Mielsch erwähnt hier »anatomische Ungeschicklichkeiten, etwa die verfehlten Verkürzungen beim Oberkörper des Argos oder sein falsch angesetztes linkes Bein in dem Bild vom Macellum«.

72 Zusammengestellt werden hier diejenigen Bilder, welche nur die zwei Figuren von Io und Argos bieten und sich insofern mit dem Bild von Perseus und Andromeda des Nikias vergleichen lassen:

1. Pompeji IX 9, d, ausgegraben 1888, zerstört und nur aus alten Fotografien und einer spiegelverkehrten Zeichnung von August Mau bekannt, Schefold (1957) 284; PPM X 91; PPP III 48; Hodske (2007) 226 Taf. 131, 1.2 Kat. 790.
2. Pompeji VII 9,7.8.19.42, Macellum s. o. Anm. 71, hier Abb. 5.
3. Pompeji VI 9, 6-9, Casa die Dioscuri, ausgegraben 1826, zerstört, kenntlich nur durch ein Aquarell vom 15.8.1828 PPM VI, S. 948, Helbig Nr. 133; Schefold (1957) 119; PPM IV 949; PPP II 218, Hodske (2007) 226 Taf. 131, 4 Kat. 295.
4. Pompeji VI 9,2.13, Casa di Meleagro, ausgegraben 1829, H 0.88 m L 0,90 m, MANN Inv. 9556, Helbig Nr. 132; Schefold (1957) 111; PPM IV 681; Hodske (2007) 226 Taf. 131,5.6 Kat. 248.
5. Pompeji VII 15.5, Casa del Banchiere, ausgegraben 1838, zertört, Helbig Nr. 134; Schefold (1957) 204; PPM VII 683; PPP III 218, Hodske (2007) 226 Taf. 131,7 Kat. 542.
6. Pompeji I 4,5.25.28, Casa del Citarista, ausgegraben 1853, H 0,71 m L 0,69 m, MANN Inv. 9557, Helbig Nr. 137; Schefold (1957) 16; PPM I 130; Hodske (2007) 227 Taf. 132, 1.2 Kat. 24.

de an der Eingangswand des Macellums von Pompeji (Abb. 5b), das nach dem Erdbeben von 62 n. Chr., wohl erst unter Vespasian gegen 70 erneuert und mit einer Phantasiearchitektur umgeben wurde. Leider ist die Farbe des schon 1818 freigelegten Gemäldes nach der jüngsten Restaurierung fast völlig abgetragen. Das Bild (Abb. 5a) muss als weitgehend zerstört gelten. Es ist aber in früheren Aufnahmen so gut dokumentiert[73], dass man es doch kunstgeschichtlich zutreffend beurteilen kann.

Io war eine Geliebte des Zeus[74], sie war aber auch Hera-Priesterin und forderte die Eifersucht der Gattin des Zeus heraus, so dass dieser die Geliebte, um sie vor der Rache der Göttin zu schützen, in eine Kuh verwandelte. Hera aber verlangte diese zum Geschenk und beauftrage den »Alles Sehenden« Argos, sie zu bewachen. Dieser ist in Wandgemälden in Rom und Kampanien derart ins Bild gesetzt, dass man sich unmittelbar an die zuvor behandelte Heroengestalt des Perseus in den pompejanischen Bildern erinnert fühlt. Da Plinius 35, 132 ein Gemälde des Nikias mit diesem Thema rühmend erwähnt, kann man die Zeugnisse verbinden und ein zweites Gemälde des neben Apelles bekanntesten griechischen Malers in seinen verschiedenen Verwandlungen betrachten, um die Ursache von Pausanias[75] eingangs erwähnter lapidarer Anerkennung herauszufinden, Nikias sei der beste Maler seiner Zeit gewesen.

Sofort ins Auge fällt die stilistische Verwandtschaft des Argos nicht nur zum Perseus des Nikias (Abb. 4), sondern auch zum Alexander Rondanini in der Münchener Glyptothek 298, der überzeugend auf die nach der Schlacht von Chaironeia 338 geschaffene Gruppe des Euphranor zurückgeführt wird[76]. Man

73 Besonders gut ist das von Gerhart Rodenwaldt in der Propyläen-Kunstgeschichte, Die Kunst der Antike. Hellas und Rom (Berlin 1927) 426 abgebildete alte Schwarzweißfoto, das wir hier Abb. 5, 3 wiederholen. Vergleichbar ist auch das Foto Vasari 3170 Archivio Vasari bei Foto Vasari Roma. Zu einer früheren Farbaufnahme s. Mielsch, Harald, Römische Wandmalerei (Darmstadt 2001) 142 Abb. 170.

74 Ovid, Metamorphosen I 568-723.

75 Perihegesis tes hellados I 29, 15, siehe oben S. 31.

76 Vierneisel-Schlörb, Barbara in: hg Vierneisel, Klaus, Klassische Skulpturen des 5. und 4. Jahrhunderts v. Chr., Glyptothek München, Katalog der Skulpturen Bd. II, (München 1979) 37-385. Wie Fulińska, Agnieszka, The missing link? Iconography and Litarary Legend of Alexander the Great, in Studies in Ancient Art and Civilisation 15 (Krakau 2011) 159-174 in ihrer Auseinandersetzung mit gegenteiligen Ansichten gezeigt hat, ist die Zuweisung des Alexander Rondanini an Euphranor keineswegs widerlegt, s. besonders a. O. 164.

geht nicht fehl, wenn man das Gemälde etwa in die gleiche Zeit datiert, also die dreißiger Jahr des 4. Jahrhunderts. Dafür spricht auch die Gestaltung der Io, die sich gut mit bekannten weiblichen Sitzstatuen dieser Zeit[77] vergleichen lässt. Wieder wird deutlich, dass Nikias an einer besonderen Plastizität seiner Figuren interessiert ist.

Vergleicht man unter diesem Gesichtspunkt die verschiedenen Nachbildungen dieses Gemäldes, so wird ersichtlich, dass sich nur die Gemälde aus der Casa di Meleagro[78], dasjenige im Macellum zu Pompeji (Abb. 5) und einige zerstörte[79] an das Urbild halten, während die anderen es durch die Hinzufügung des Hermes zu vervollständigen trachteten.

Die Verwandlung Ios wird in den Kaiserzeitlichen Versionen nur durch die kleinen Kuhhörner an der Stirn angedeutet. Als wirkliche Kuh, in deren Form Hera die Verhasste von einer Bremse durch die Lande treiben ließ, begegnet Io niemals, während Zeus sehr wohl in der Stiergestalt auftritt, in der er Europa entführte. Es ging den Malern offenbar darum, dieses mythische Wesen in der ganzen weiblichen Schönheit vor Augen zu stellen, die auch den höchsten Gott verführen konnte. Nikias konnte wie bei seiner Andromeda und bei seiner Io einen heroisch schönen Jüngling und ein schönes Mädchen nebeneinanderstellen. Das gefiel auch den Römern, die mit Bildern dieser Mythengeschichte nicht nur eine Reihe von Räumen in Häusern zu Pompeji[80], sondern auch das Allerheiligste, das Ekklesiasterion des Isisheiligtums in Pompeji bei der Wiederherstellung nach dem Erdbeben 62 n. Chr. ausschmückten. Nur eines von diesen[81] zeigt noch Anklänge an das Gemälde des Nikias. Das andere müsste unter den Bildern mit Stilformen hellenistischer Zeit behandelt werden, die uns in dieser Abhandlung nicht beschäftigen.

---

77 Maderna, Caterina in: Bol, P. C. hg, Die Geschichte der antiken Bildhauerkunst II Klassische Plastik (Mainz 2004) 358 Abb. 324 a-c, 537.

78 MANN Inv. 9556, Hodske (2007) 226 Taf. 131, 5.6 Kat. 248; Bragantini (2009) 288f. Scheda 122 Lucia Rocco.

79 Hodske (2007) 226 Taf. 131 1.2, 4, 7

80 Hodske (2007) 226, Taf. 131, 1-7.

81 MANN Inv. 9548, Hodske (2007) 227 Taf. 132,3,4. Kat. 628

4. Apelles von Kolophon[82]

(Abb. 6: Herakles und Telephos aus dem Augusteum in Herculanum[83])

Sind Schönheit und vollendete Komposition dieses Bildes (Abb. 6) mehr zu bewundern, oder wundert man sich vor allem über die verschiedene Größe der in einem gegebenen Bildraum zusammengefügten Figuren? Stellte man sich die seherische Ortsgöttin Arkadiens stehend vor, wäre sie mehr als doppelt so groß wie der auf sie zu schreitende Herakles. Dessen Söhnchen Telephos unter der Hirschkuh in der linken unteren Ecke ist so klein, dass er in keinem räumlich nachvollziehbaren Größenverhältnis zu allen übrigen Figuren steht. Diese verschiedenen Größenverhältnisse haben zu anhaltenden Diskussionen um das Bild geführt, und viele Vorschläge zu dessen Veränderung auf den Plan gerufen[84].

Doch je länger man es betrachtet, desto weniger glaubt man, irgendetwas an dem Bild verändern zu dürfen, ohne seine ausgewogene Form zu verletzen. Die Argumente[85], warum es sich um eine Kopie des von Aelianus, De natura animalium IV 50, und Plinius, Naturalis historia 35, 94, erwähnten hochberühmten Bildes des Apelles von Kolophon (ca. 370–300) handelt, sind keineswegs widerlegt.

Dargestellt ist der Mythos von Herakles[86], den bei seiner Wanderung durch Arkadien, die Gestirnsgöttin Jungfrau anhält, um ihm ein Wunder zu zeigen. Am Boden sitzt ein Knäblein, dem eine Hirschkuh ihren Euter reicht, wodurch das Kind vorm Tod durch Verdursten und Verhungern gerettet wird.

Die geflügelte Göttin hält in der linken Armbeuge eine Ähre, das heißt einen Weizenhalm, die Spica. Die Ähre ist der hellste Stern im Sternbild der Jungfrau. Dieser ist auch das Parthenosgebirge im Nordosten der Peloponnes am Rande

82 SQ 1827-1906. Immer noch grundlegend Wustmann, Gustav, Apelles. Leben und Werk (Leipzig 1870)

83 MANN Inv. 9009 Borriello (2008) 255 Kat. 27, Taf. 138; La Rocca (2009) Kat. S. 281 II 2 Taf. 200-201 (Massimilano Papini, mit Bibliographie); Andreae (2011) Taf. 1.

84 Zuletzt Papini, Massimiliano in: La Rocca, Eugenio, Roma, La pittura di un impero (Skira Mailand 2009) 281.

85 Siehe oben Anm. 3.

86 Euripides, Telephos, zuletzt: Preiser, Claudia, Euripides, Telephos: Einleitung, Text, Kommentar, Spudasmata Series Bd. 78 (Göttingen 2000).

Arkadiens geweiht. Die Bergeinsamkeit dieses Hirtenlandes wird durch die auf dem Felsen sitzende Riesengestalt der Arkadia göttliches Land, in dem der Hirtenjunge, den die Spitzohren als Satyr ausweisen, eine Pansflöte spielt und das Wurfholz bereit hält, um die Herde zu hüten. Ein überquellender Früchtekorb zeugt von der Fruchtbarkeit des Bodens. Und doch wäre das Knäblein Telephos verhungert, hätte nicht der Adler des Zeus über dessen Enkel gewacht und ihn von der Hirschkuh ernähren lassen. Das Kind ist der Sohn des Herakles, der Fernhin Leuchtende, wie man *Telephos* übersetzen kann, dem der visionäre Blick der Arkadia eine große Zukunft voraussagt.

Herakles war bei seinen Streifzügen durch die Peloponnes auch nach Tegea gekommen. Hier hatte der König Aleos seine Tochter Auge zur jungfräulichen Priesterin der Athena bestimmt, weil ihm Unheil von einem Enkel vorausgesagt war. Gleichwohl wurde sie von Herakles schwanger. Die Geburtsgöttinnen lösten ihre Wehen. Doch der Vater ließ sie in einem roh gezimmerten Boot den Wellen des ägäischen Meeres übergeben. Ihr Söhnchen wurde in der Verlassenheit Arkadiens zum Verhungern ausgesetzt.

Während ihr Kind Zeusadler, Hirschkuh, Parthenos bewahrten, so dass Herakles es retten und aufziehen konnte, schwemmten die Wogen Auge im kleinasiatischen Mysien ans Land, wo König Theutras sie an Kindes statt aufnahm. In Fragment 696 der Tragödie Telephos des Euripides berichtet der Held selber, wie es ihm erging, dass er wieder mit seiner Mutter zusammengeführt wurde und schließlich Theutras ihm die Herrschaft in seinem Lande übergab.

Das alles sieht Arkadia voraus. Auch der Betrachter muss es wissen, um die Schönheit des Gemäldes nachvollziehen zu können.

Allein die Größenverhältnisse der Figuren? Ist es nicht eine verblüffende Erfahrung, dass diese verschiedenen Dimensionen, wenn man sich den Inhalt des Bildes klarmacht, nicht mehr so überraschend wirken, sondern dass man unmittelbar nachvollziehen kann, weshalb Plinius, Naturgeschichte 35, 94 diesen Herakles malerisch für so geglückt hält, »weil er sich abwendet, die Malerei aber sein Gesicht nicht etwa andeutet, sondern naturgetreu abbildet«[87]? Darf man die Arkadia ohne weiteres riesen- und den kleinen Telephos zwergenhaft nennen? Das käme einem doch kaum in den Sinn, wenn man nachvollzieht, wie Herakles zwischen dem Löwen, der die Stärke andeutet, und dem Adler

87 Lateinisch Plinius 35, 94: *Herculem aversum, ut, quod est difficillimum, faciem eius ostendat verius pictura quam promittat.*

hindurch schreitet, der soeben von den Kieselsteinen am Boden abhebend den Kopf zur Seite wirft und zu dem liegenden Löwen hinüberschaut. Dieser wendet leicht und lebhaft das Haupt und schaut aus dem Bild heraus, als wolle er seinen Blick auf den Betrachter richten und dessen Aufmerksamkeit einfordern. Adler und Löwe sind so groß wie die Gruppe von Hindin und Knäblein, das an ihren Zitzen saugt. Doch wen stört dieses ungewöhnliche Größenverhältnis? Goethe fand in seiner Schrift »Philostrats Gemälde«, dass »die Hindin mit dem Knäblein vielleicht alles übertrifft, was in der Art je geleistet worden«, ohne die eigenartigen Größenverhältnisse überhaupt nur anzusprechen. Jede der Figuren in dem Bild ist in ihrer eigenen Größe vollendet und so in den Gesamtraum eingefügt, dass eine vollkommene Komposition entsteht. Die klassische Kunst kennt noch nicht den im perspektivischen Sinn konstruierten, geschlossenen Bildraum, sondern gibt jedem Bildelement seine eigene, von den Größenverhältnissen gänzlich unabhängige Wertigkeit, die nur von der kompositionellen Verteilung und inhaltlichen Zuordnung im Bilde bestimmt wird.

Eine starke diagonale Bewegung führt von Herakles, der vom Rücken gesehen ist, über den Unterkörper der Arkadia und ihren Oberkörper schräg nach hinten zu dem an den abfallenden Felsen gelehnten Rücken der Ortsgöttin. Ihr Kopf ist in die Richtung, aus der Herakles kommt, gewendet, sie scheint ihn aber nicht anzuschauen, sondern über ihn hinaus, als sähe sie die Zukunft voraus, die mit dem von Herakles ins Auge gefassten Kind anbricht. Ihr Blick ist verinnerlicht, obwohl die Augen weit offen sind. Der hinter ihr stehende Satyrjunge senkt seinen Blick auf sie hinab und lächelt. In ihm vollendet sich die starke, durch den ganzen Bildraum gehende Tiefendiagonale. Sein dunkler, gebeugter rechter Arm mit dem vom Bildrand angeschnittenen Ellenbogen ist parallel zum rechten, aber im Gegensatz zu dem des Satyriskos vollständig zu sehenden Arm der Arkadia gehalten, die ihre Wange mit Zeige- und Ringfinger stützt.

Gekreuzt wird diese mächtige Tiefendiagonale durch die deutende Bewegung der Hand von Parthenos, verstärkt durch ihren nach links unten gewandten Blick, ihren hohen Flügel und den linken Arm mit der die Diagonale linear nach außen bis zum rechten Bildrand verlängernden Ähre. Sehr wichtig ist, dass diese Diagonalen nicht durch die Ecken des Bildes verlaufen, sondern den Rand des Bildes an einer Stelle jeweils leicht entfernt von den Eckpunkten schneiden. So sind die x-förmigen Diagonalen nicht gleichsam fest genagelt, sondern schwebend im Raum vorzustellen. Für sich genommen ist die Gruppe der Hindin mit dem am Boden sitzenden nackten Knaben mit ansatzweise ausgeführter perspektivischer Verkürzung ähnlich an diese Stelle gemalt wie die großlinige Gesamtkomposition in das Bildrechteck. Die Verschiebungen der gleichwohl das Bild bestimmenden Diagonalen sind ebenso wichtig, wie die leichte Verrückung nach links des als Mittelsenkrechte wahrgenommenen Stabes, auf den Arkadia ihren linken Arm stützt. Dessen senkrechte Kompositionslinie schneidet den virtuellen Schnittpunkt der Bilddiagonalen im Leibesmittelpunkt der Arkadia und führt in der senkrechten Gewandfalte unter ihrem Oberschenkel und in dem rechten, vom Beschauer aus linken Adlerflügel bis zum Boden. Der Raum wird durch eine ansteigende, dunkle Bodenfläche geöffnet und durch einen hellen Hintergrund abgeschlossen. Insgesamt wirkt er nicht sehr tief, sondern wird als kastenförmig wahrgenommen.

Die Räumlichkeit wird in der Flächenkunst anschaulich erfahrbar, weil der Raumkasten und die Figuren oder die Strukturen darinnen nicht nur perspektivisch gezeichnet sind, sondern auch durch Licht- und Schattengebung plastisch in Erscheinung treten. Apelles bediente sich wie andere Maler seiner Zeit einer Reihe von Effekten, für die wir die römischen Begriffe kennen dank der knappen, aber deutlichen Notizen, die Plinius bei der Vorbereitung seines 35. Buches über die Erden und Farben gesammelt und übersichtlich mitgeteilt hat. Wenn ein Maler die Natur so wiedergeben will, wie sie sich dem Auge darbietet, dann sollte er die Maltechnik beherrschen, die mit folgenden fünf Begriffen beschrieben ist: *lumen, umbra, splendor, tonos, harmoge*. Da dieselben Begriffe auch bei der Beschreibung neuzeitlicher naturalistischer Malerei Anwendung finden, kann man sie treffend ins Deutsche übertragen, obgleich nur die drei ersten lateinische, die beiden letzten hingegen griechische Worte sind. Das Äquivalent in deutscher Sprache sind die fünf Begriffe: Licht, Schatten, Glanzlicht, Farbton, Einklang. Zu vereinzeln sind diese Begriffe bei der Schaffung eines Bildes nicht, vielmehr wird die Schattengebung und die Beleuchtung eines Körpers im Raum nur durch eine geschickte Mischung der Farben in ihren hellen und dunklen Tönen und durch den Einklang dieser Töne mit den Übergängen, mit ihren Hinter- und Vordergründen erreicht. Eine besondere Wirkung erzielen am Ende Glanzlichter. Es ist sehr gewinnbringend, ein Bild auf diese fünf Begriffe hin zu befragen.

Licht und Schatten, das sind helle und dunkle Farbtöne, welche die Oberfläche modellieren, die greifbaren Formen von Gegenständen im Raum umspielen. Doch wirklich plastisch erscheinen die Formen dem Betrachter erst, wenn ein direkt von der erhabenen Stelle der Körper reflektierter Lichtstrahl seine Augen trifft. Dieser ist das Glanzlicht, das besonders von dunklen Körpern reflektiert zu werden scheint, im Gemälde natürlich mit weißer Farbe, gewöhnlich Bleiweiß, aufgetragen wird.

Die in der Akademieabhandlung über Apelles[88] ausführlich beschriebenen Begriffe sind so wichtig, dass sie hier noch einmal wiederholt seien:

> »Licht und Schatten umspielen die plastischen Formen von Gegenständen im Raum und insbesondere von Figuren, seien es Menschen, Tiere oder Pflanzen, Gebäude und andere Strukturen der verschiedensten Art. Im zweidimensionalen Bildraum eines Gemäldes verwendet der Maler bei der Wiedergabe beleuchteter und beschatteter Oberflächen helle und dunkle Farbtöne, um die Formen zu modellieren, das heißt sie in der ansatzweise perspektivischen Darstellung räumlich gerundet erscheinen zu lassen. Die mit lichteren Farben und Pinselstrichen ausgeführten Abschnitte der Malfläche wirken wie beschienen, während dunkles Kolorit die beschatteten Teile, schwärzliches den Kernschatten zur Anschauung bringen. Bei gemalten Körpern bestimmen Helligkeit und Dunkelheit, also Licht und Schatten, den Eindruck von Herauswölbung und Einziehungen der Oberfläche. Bei einem menschlichen Gesicht zum Beispiel sind in der Frontalansicht und im Oberlicht aufgehellt die Stirne, der Nasenrücken, das Kinn und die Wangen, diese allerdings in abnehmender Weise bei den nach hinten fliehenden Seiten des Antlitzes. Dunkler sind die Augenhöhlen unter den Brauenbögen, die Seiten der Nase, die Nasenlöcher, die Oberlippe, der Raum unterhalb der Unterlippe und die Haut unter dem Kinn. Einen Schlagschatten wirft das Licht auf den Hals. Grundsätzlich müssen die vorspringenden Teile des Gesichtes hell, die zurück genommenen dunkel wiedergegeben werden. Das alles kann allein durch hellere und dunklere Farbtöne des Inkarnates wie beleuchtet erscheinen. Die im Bild selbst erfasste Lichtquelle ist eine vollkommen andere, als die das Bild bescheinende. Von der es erhellenden Lichtquelle sollte die ganze Oberfläche des Gemäldes gleichmäßig ausgeleuchtet sein. Im Bild hingegen ist die Lichtquelle wie dieses selbst imaginär, vom Maler vorgestellt. Die klassische griechische Malerei, um die es hier geht, ist darin völlig konsequent, und die Qualität eines Gemäldes wird daran gemessen, wie genau der Künstler bei der Licht- und Schattengebung verfährt«.

Die Auffindung des Telephos in Arkadien ist das einzige Bild, das den Betrachter ahnen lässt, warum Plinius in seiner Naturgeschichte 35, 79 das antike Kunsturteil mitteilt, »Apelles habe in Wahrheit alle übertroffen, die vor ihm ge-

88 Andreae (2011) 34-38; vgl. Keuls, Eva. C., Plato and Greek Painting (Leiden 1978) 77-87.

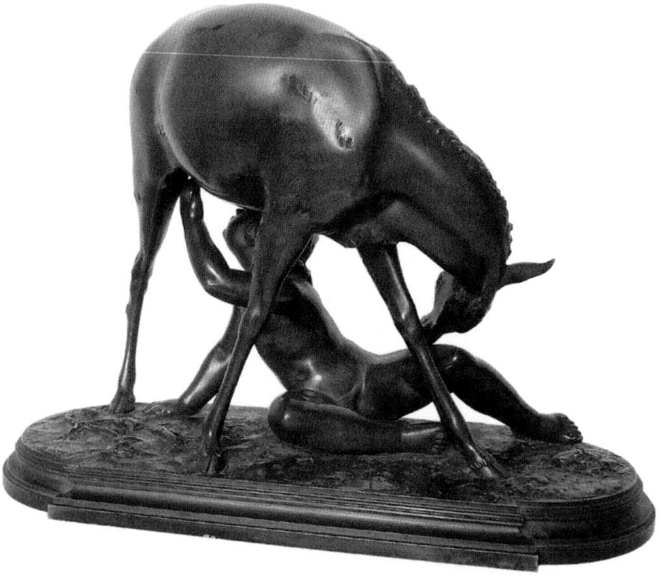

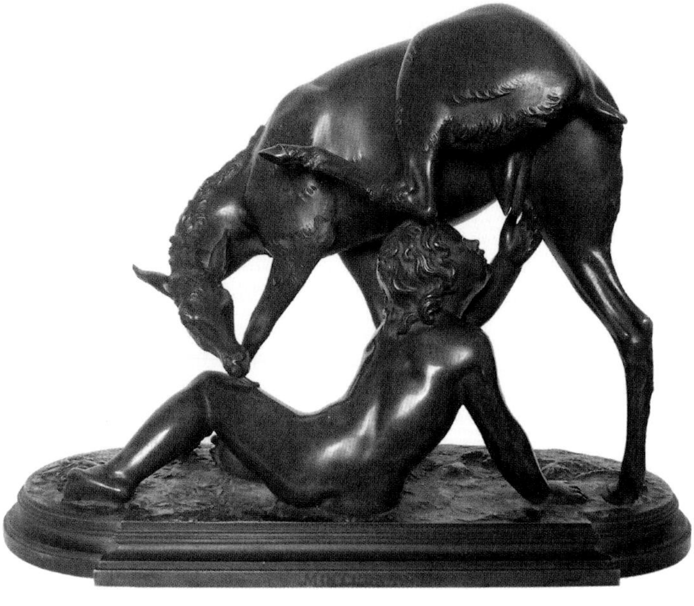

Abb. A und B: Hindin und Knäblein, Bronzestatuettte von August Kiss

boren wurden und alle Zukünftigen«[89]. Wie das folgende Kapitel lehrt, können solche erstaunlichen Wertungen weiterführen.

Zunächst aber einen ansprechenden Nachtrag. Wilhelm Hornbostel wies mich auf eine schöne Bronzestatuette des Bildhauers August Kiss (Paprotzan 1802–1865 Berlin) im Besitz des Kunsthändler Frank C. Möller in Hamburg und zu gleichem Anteil von Michael Puls hin, die hier nach einer freundlicherweise übersandten Datei abgebildet werden darf (siehe linke Seite).

Die beiden Besitzer haben dazu ein mir vorliegendes, noch nicht publiziertes Gutachten angefertigt, über dessen Ergebnis ich kurz berichten darf: In Anbetracht der Tatsache, dass Goethe die Gruppe von Hindin und Knäblein im Neapler Bild aus Herculanum (Abb. 6) so hoch gelobt hatte, wollte ihm der Begründer des Königlichen Gewerbeinstituts in Berlin, Peter Christian Beuth einen Bronzeguss des dem interessierten Dichter schon am 30.5.1830 übersandten, wohl bereits Ende 1828 vollendeten, unverputzten Gipsmodells von Kiss zu einem runden Geburtstag schenken. Dazu kam es nicht mehr, da Goethe schon am 22. März 1832, zweieinhalb Jahre vor seinem 85sten Geburtstag starb. Ein Gipsabguss des Modells von Kiss steht heute noch im Goethe-Nationalmuseum in Weimar. Goethe hatte sich mehrfach dazu geäußert. Zu Sulpiz Boisserée sagte er am 31.5.1830[90], er hoffe, noch so lange zu leben, bis er das vor kurzem übersandte Modell in Bronze ausgeführt vor sich sehe. Der Bronzeguß, den Goethe nicht mehr erhalten hat und den wir hier nach einer Fotodatei des Kunsthändlers abbilden dürfen, verblieb beim Vorbesitzer, möglicherweise Boisserée, und seinen Erben und gelangte schließlich in die Kunsthandlung von Frank C. Möller, Iphofweg 7 in Hamburg. Es ist ein interessantes Beispiel dafür, wie griechische Gemälde auch Bildhauer zu einem Werk inspirieren können.

89 Lateinisch Plinius 35, 79: *verum omnes prius genitos futurosque postea superavit.*
90 Goethes Werke. Hg im Auftrage der Großherzogin Sophie von Sachsen-Weimar (Weimar 1887–1919) A IV 47, S. 356.

5. Die Hochzeit des Zeus mit Hera *(Abb. 7[91])*

Beischlaf oder Hochzeit? Die Betrachtung des Bildes (Abb. 7) legt eine Entscheidung nahe. Nicht der in der Ilias 14, 292 ff. und 343 ff. beschriebene Beischlaf von Zeus und Hera auf dem Ida ist hier dargestellt, sondern die ebendort Vers 295f. erwähnte Hochzeitsnacht, »da zuerst sich beide gesellt zur Umarmung/Nahend dem bräutlichen Lager, geheim vor den liebenden Eltern/«. Es ist der *hieròs gámos,* die Heilige Hochzeit, bei der Hera von der geflügelten, grün gekleideten Götterbotin Iris zu Zeus geleitet wird. Der bärtige Gott erwartet sie auf einem Felsensitz thronend. Er hat nur einen roten, auf der Innenseite violetten Mantel über die linke Armbeuge und das rechte Bein geworfen, und ist im Übrigen unbekleidet. An der linken Schulter lehnt sein Zepter, mit der Rechten ergreift er die Hand Heras und zieht sie zu sich heran. Zeus trägt einen Kranz von Eichenblättern. Eicheln garantieren seine Fruchtbarkeit.

Bekränzt sind auch die drei Knaben zu seinen Füßen neben dem Sitz. Diese Kränze sind auffallend groß. Offenbar sind es Kränze aus stacheligen Pflanzen, in die Eicheln eingeflochten sind. Dann wären es die am Hochzeitsritus teilnehmenden *paides amphithaleis*[92], Kinder, deren beide Eltern noch leben. Das gewährleistet ungeschwächte Vitalität und Kraft. Sie tragen derartige Kränze und hatten die Aufgabe, den Teilnehmern die Glück verheißende Formel[93] zuzurufen: »Ich bin dem Übel entflohen und habe das bessere gefunden«.

Die Gruppe dieser drei im Kreis auf Felsenstufen am Boden sitzenden Knaben, die nur halb so groß sind wie die Erwachsenen, wirkt künstlerisch besonders gelungen. Einer sitzt mit den Beinen nach links, das eine gestreckt, das andere gebeugt, der zweite mit den Beinen nach rechts, während der dritte, ebenfalls mit nach rechts gestrecktem Bein vom Rücken gesehen ist. Es ist sehr bedauerlich, dass diese lebhaft ihre Köpfe wendenden Knaben nicht besser erhalten sind. Auch die Bewegungen ihrer Arme, die eine Unterhaltung zwischen ihnen und gleichzeitige Anteilnahme an der Annäherung der Braut auszudrü-

91 Aus Pompeji Regio VI 8,3.5, Casa del Poeta tragico, ausgegraben 1824, MANN Inv. 9559, L 1,29 m H 1,23m; Helbig (1868) Nr.114; Schefold (1957) 103; PPM IV 539; PPP II 166; Mazzoleni (2005) S. 356; Hodske (2007) 263 Taf. 181, 1,2 Kat. 221; Bragantini (2009) 326f. Scheda 146 Lucia Rocco.

92 Der Neue Pauly 1 (1996) 618 f. s. v. *amphithaleis paides; ebda 5(1998)* 649 *s. v.* Hochzeitsritus; Kreilinger (2007).

93 Pollux 3, 43.

cken scheinen, sind ganz verschieden. Zwei halten die Köpfe locker gesenkt, der dritte rechts stützt den zur Braut gewendeten Kopf mit der Rechten und schiebt dabei die linke Hand unter den Oberarm.

Hera wird an beiden Unterarmen mit zarten Handbewegungen von Iris und Zeus geleitet. Iris schiebt sie mit ihrer Rechten vom Ellenbogen her sanft voran, Zeus zieht sie vom beringten Handgelenk her zu sich. Die Finger der linken Hände von Hera und Zeus fallen locker. Die Göttin ist schon ein wenig an dem mit kostbaren Sandalen beschuhten linken Fuß von Zeus vorbei geschritten.

Die Göttin fasst den Zipfel ihres über Kopf und Schultern geworfenen Schleiertuches und hält ihn sich vor die Leistenbeuge, wobei Zeus mit den Fingerspitzen der Rechten den anderen Zipfel am Unterarm Heras einzuklemmen scheint. Sie wird dieses auffällig das Bild bestimmende Tuch als Laken beim Vollzug der Hochzeit verwenden. Die Spur des Blutes nach der Defloration soll ihre Jungfräulichkeit vor der Eheschließung beweisen. Hera blickt mit großen Augen den Betrachter an. Dieser fühlt sich unmittelbar betroffen und soll verstehen.

Das goldene Diadem mit den drei als Cabochon geschliffenen Rubinen in der lockigen Frisur Heras ist von besonderer Schönheit. Es ist allerdings nicht gelungen, einen Vergleich zu finden.

In gewissen Zügen mit der Komposition dieses Bildes vergleichbare, stilistisch frühere Szenen bieten griechische Vasenbilder, eine Metope vom gegen 460 v. Chr. geschaffenen Tempel E in Selinunt im Museo Regionale von Palermo oder der Ostfries vom Parthenon zu Athen von 440 v. Chr. im Londoner Britischen Museum. Aber nirgendwo ist der Betrachter so intensiv angesprochen wie in diesem berühmten pompejanischen Wandbild aus dem 1824/25 ausgegrabenen ›Haus des Tragischen Dichters‹, wie es nach dem Schauspielermosaik MANN Inv. 9986 aus dem Tablinum 8[94] genannt wird. Edmund Bulwer-Lytton hat es 1834 zum Wohnhaus des Dichters Glaucus gemacht, der Hauptfigur seines Romans ›Die letzten Tage von Pompeji‹ (1834).

Das Gemälde ist auf ein griechisches Original der zweiten Hälfte des 4. Jahrhunderts v. Chr. zurückzuführen. Nur hier wird die Geste, mit der Hera ihren Schleier darbietet, zum bildbestimmenden Motiv. Sie entschleiert sich nicht wie bei früheren Darstellungen, sondern verwendet den langen Schleier, den sie nicht vor das Gesicht, sondern über Kopf und Schulter gezogen hat, um sich

94 Andreae (2003, 2012^2) 231 Abb. 211.

als diejenige Göttin zu offenbaren, die mit ihrer eigenen vorehelichen Jungfräulichkeit für den Schutz der Ehe eintritt. In Griechenland wurde sie häufig bei Hochzeitsriten als Hera Teleia, die Vollendete, das heißt auch geschlechtsreife, angerufen.

Als ehelich treu ist Hera auch durch ihre Gewandung dargestellt. Sie trägt den nur Hals und Arme frei lassenden wollenen Peplos, in den unten ein breiter dunklerer Saum und eine Handbreit darüber ein Streifen in der gleichen Farbe sowie in der Mitte an den Streifen anschließend ein gleichartiges hochrechteckiges Feld eingewebt sind. Der kostbare Peplos ist gegürtet unter dem bis zur Hüfte herabfallenden Überschlag.

Die Bildachse wird betont durch eine dorische Kultsäule, die vor einem buschigen Baum im Hintergrund steht. Die dorische Säule ist bekrönt von hockenden Löwenfiguren, die wohl aus vergoldeter Bronze gedacht sind. In der Malerei sollen die Metallfiguren durch Glanzlichter plastisch erscheinen. An die Säule gebunden sind zwei Auloi, die Doppelflöten, sowie ein Paar Cimbeln; an die Säule gelehnt ein Tympanon. Die Instrumente verweisen auf die beim Ritus erklingende Hochzeitsmusik.

Dass das Vorbild dieses Gemäldes ein spätklassisches Gemälde ist, geht auch aus der etwa gleich hohen Anordnung der Köpfe der drei Hauptfiguren hervor, der Isokephalie. Zeus müsste stehend wesentlich größer sein als die beiden Göttinnen. Auch die drei Knaben haben ihren eigenen, etwas kleineren Maßstab. Das hinderte den Schöpfer des Gemäldes nicht daran, ein kompositionell völlig ausgewogenes Bild zu erstellen, das sich in der Dichte der Darstellung der Figuren innerhalb des von ihnen ausgefüllten Bildraums stilgeschichtlich an das Telephosbild des Apelles Abb. 6 anschließen lässt[95]. Der große sitzende Zeus entspricht der Arkadia, Iris und Hera sind Parthenos und Herakles vergleichbar, der Telephos unter der Hirschkuh der Gruppe der bekränzten Knaben. Die kompositionelle Vergleichbarkeit wäre noch augenfälliger, wenn man die Figuren im Bild um die durch die Säule angegebene Bildachse spiegeln würde.

---

95 Die anderen Bilder aus dem Haus des Tragischen Dichters s. Mazzoleni (2005) 338ff.

6. Admetos und Alkestis

(Abb. 8 und 9, vorderes Umschlagbild[96])

Die Tragödie des Admetos war, dass ihm, der immer das Beste gewollt und getan hatte, der Tod voraus gesagt wurde. »Wann? In dieser Stunde.« So hat RILKE den von vielen Dichtern und insbesondere von Euripides[97] gestalteten Mythos auf den Punkt gebracht. Er schrieb seine Elegie Alkestis zwischen dem 7. und 10. Februar 1907 in Capri. Wir gehen davon aus, dass er im Nationalmuseum zu Neapel das Gemälde aus Herculanum[98] gesehen hatte[99]. Man möchte dieses Gedicht eine Anverwandlung des gemalten griechischen Vorbildes nennen.

In dem aus der Wand geschnittenen Gemälde sieht man, was RILKE dergestalt verdichtet:

---

96 Aus Herculanum, MANN Inv. 9027, H 1,55 m L 1,33 m, Pitture antiche d'Ercolano e dintorni I tav. 11 (Neapel 1757) Jahr der Auffindung 1740. Das bedeutet, dass es wohl aus dem sogenannten Augusteum stammt. LAVAGNE, HENRI; DE BALANDA, ELISABETH; KRIBE ESCHEVERIA, ARMANDO, Fotografie di LUCIANO PEDICINI, Jeunesse de la beauté (ars latina 1995) fig. 28; MAZZOLENI (2005) 354-355 (hier fälschlich bezeichnet als Wandausschnitt aus der Casa del Poeta Tragico MANN Inv. 9026, s. o. Anm. 91. Zu den pompejanischen Gemälden gleichen Inhalts s. BRAGANTINI (2001) 799-822 und am Ende dieses Beitrags, auf S. 57-61.

97 Alkestis 438 in Athen uraufgeführt. Die Alkestis mit ihrem glücklichen Ausgang ersetzte bei der Uraufführung in der Tetralogie das Satyrspiel. MARZULLO, BENEDETTO, Alcesti: lucida, generosa, trafitta, in: Scripta Minora II, Spudasmata Olms Band 77/II (2000) 985-987. Über die Tatsache, dass die Tragödie des Euripides ganz offensichtlich nicht die Textvorlage RILKES war, wie die Germanisten annehmen, siehe unten Anm. 99.

98 Nicht, wie oft zu lesen, aus dem Haus des Tragischen Dichters in Pompeji VI 8,3.5 (8)) im Archäologischen Nationalmuseum von Neapel (z.B. MAZZOLENI (2005) 338 schmückte das Tablinum!). Die Verwechslung erklärt sich wohl daraus, dass von der Ostwand des Tablinums (8) dieses Hauses eine Replik des Bildes abgenommen wurde, siehe unten S. 57.

99 Die Germanisten NORBERT MILLER, ERNST OSTERKAMP und FLORIAN PEHLKE, Berlin, teilten mir auf die Frage, ob in ihrer Wissenschaft RILKES ›Alkestis‹ schon mit dem Alkestis-Gemälde aus Herculanum in Verbindung gebracht wurde, mit, dies sei nach Durchsicht der greifbaren Interpretationen des Gedichts, ihrer Ansicht nach, nicht der Fall. Vgl. SPÖRL, UWE, Rilkes poetische Bezugnahme auf die Antike, in: ENGEL, MANFRED; LAMPING, DIETER, hg, Rilke und die Weltliteratur (Düsseldorf Zürich 1999) 39-65. Vgl auch RAINER MARIA RILKE: An Clara Rilke, 8.3.1907, siehe unten S. 61.

»Und da erkannten sie den schlanken Gott,
und wie er dastand, innerlich voll Sendung
und unerbittlich, – wussten sie es beinah.
Und doch, als es gesagt war, war es mehr
als alles Wissen, gar nicht zu begreifen.
Admet muss sterben.«

Die im Palast zu Pherai in Thessalien Versammelten erfuhren es. Der Lichtgott Phoibos Apollo, der in der Mitte zwischen ihnen hoch auftritt, kenntlich am Köcher, den er über der Schulter trägt, erhebt die Rechte. Drei Finger, Daumen, Zeige- und Mittelfinger streckt er aus und zwei, den Ring- und den kleinen Finger hat er eingeknickt. Was deutet er mit den drei erhobenen Fingern an? Drei sind die Moiren, die Schicksalsgöttinnen, die Apollo für Admetos um Aufschub bitten muss. Jener hatte mit dem Gott gehandelt, »um Jahre, um ein einzig Jahr noch Jugend,/um Monate, um Wochen, um paar Tage,/ach, Tage nicht, um Nächte, nur um Eine, um diese nur: um die.«/ Der Gott willigt unter einer furchtbaren Bedingung der Schicksalsgöttinnen ein. Den Aufschub gibt es, wenn ein anderer an seiner statt in den Tod geht.

Der alte König Pheres und seine Frau Klymene rechts im Bilde sind bestürzt (Abb. 9). Die Mutter des soeben mit der schönen Alkestis vermählten[100] Admetos blickt starr vor sich hin und greift verlegen mit Daumen und Zeigefinger ans Kinn. Soll sie das Opfer bringen? Sie kann nicht. Die einzige, die dazu bereit ist, ist die liebende Braut Alkestis. Der Vater Pheres mit ergrautem Haar schaut auf Admetos. Seine Gesichtszüge drücken tiefste Trauer aus, aber auch Zweifel und Vorwurf. »Eine alte Frau, und auch der Vater kam, der alte Vater,/ und beide standen, alt, veraltet, ratlos/beim Schreienden, der plötzlich, wie noch nie/so nah, sie ansah,/ abbrach schluckte, sagte:/ Vater,/ liegt dir denn viel daran an diesem Rest?«/

Doch der alte Pheres kann sich nicht vorstellen, auf den Rest seines Lebens verzichten zu wollen. Trauer um den freiwilligen Tod der Schwiegertochter zer-

100 In der Alkestis des Euripides sind Admetos und seine Gattin schon mehrere Jahre verheiratet und haben Kinder, von denen ein Knabe auch als *dramatis persona* auftritt. Euripides, Alkestis, Griechisch/Deutsch. Übersetzt und herausgegeben von Kurt Steinmann (Reclam Stuttgart 1981). Im Gemälde aus Herculanum (Abb. 8) ist wie bei Rilke »das Geschehen des Dramenstoffes auf Ort und Zeit des Hochzeitsmahles verdichtet«, Steinmann a. O. 66.

wühlt ihn. Seine Gesichtszüge drücken aus, was er sagt. Er hält dem Sohn vor, mit seinem Verhandeln den Tod der geliebten, jung Vermählten zu verursachen.

Um sie zu gewinnen, so berichtet der Mythos, hatte Admetos einen Löwen und einen Eber vor den Hochzeitswagen gespannt. Apollo gab ihm die Kraft zum Umgang mit dem Gespann. Als Apollo, um die Tötung seines Sohnes Asklepios durch Zeus zu rächen, die Kyklopen umbrachte, welche Zeus die Blitze schmiedeten, musste er – auf dessen Geheiß – zur Strafe ein Jahr lang einem Menschen dienen. Er wählte Admetos, weil dieser ein milder Herr war. Jetzt hebt der Gott im grünen Gewand den Kopf und blickt in die Ferne. Was wird der erregte Haufe vor und unter ihm tun?

»Und leicht und traurig in dem bleichen Brautgewand« Alkestis, die ihre Hand auf den Rücken des verzweifelten Admetos legt. »Doch, wie er wartet spricht sie; nicht zu ihm./Sie spricht zum Gotte, und der Gott vernimmt sie.«/ Rilke hatte offenbar den Eindruck, dass Apollo einer Stimme lausche. Ob das auch im antiken Gemälde so ist, muss offen bleiben, denn in den antiken Mythenerzählungen findet es sich nicht. Das Bild bietet aber eine ganz eigene Version, so dass man es aus der Gestik der dargestellten Personen selbst heraus interpretieren muss und nicht ausschließen darf, dass der versonnen blickende Apollo hört, was gesprochen wird.

Zwischen die Menschen hat sich eine schöne Frau gemischt, die der Braut wie eine Schwester gleicht und warnend die Hand hebt. Man muss zugeben, dass eine Deutung für diese zweifellos sehr wichtige Figur im Bild noch nicht gefunden ist[101]. Rilke erwähnt sie nicht, wohl weil er nicht wusste, wie sie zu benennen sei. Doch, wenn man diese Gestalt nicht erklären kann, bleibt die ganze Deutung des Bildes letztlich offen[102]. Wir wagen eine Hypothese. Denn

---

101 Margot Schmidt, LIMK I 1 S. 541 Nr. 54 a.: »Apollo begleitet von einer jungen Frau ohne Attribut, die der vermuteten Alkestis wie eine Schwester gleicht. Müsste erklärt werden, sonst Deutung ungewiss«.

102 Wie schwierig die Erklärung des Bildes und der ähnlichen Adaptionen des gleichen Vorbildes ist, zeigt der komplexe Beitrag von Bragantini, Irene, Quadri con la rappresentazione della storia di Admeto e Alcesti, MEFRA CXIII, 2001, 799-822. Wir gehen auf diesen nicht im Einzelnen ein, da wir in den Mittelpunkt die Frage nach dem griechischen Vorbild stellen, das nur in der wohl aus dem Augusteum von Herculanum stammenden (Bragantini (2001) 805 Anm. 18.) neronischen Kopie gut kopiert ist. Das hat Rilke instinktiv nicht verkannt, wenn auch natürlich nicht zum Thema gemacht.

eine entscheidende Einzelheit wurde noch von niemandem beachtet: Diese Frau hat einen Nimbus, einen zarten kreisrunden Schein um ihren Kopf.

Die Braut ist schön wie die sie treibende, erhabene Göttin der Liebe. Da Alkestis so schön ist wie Aphrodite, könnte die ihr schwesterlich gleichende, wie sie mit einem weißen Gewand bekleidete Gestalt eine Inkarnation Aphroditens sein. Sie steht hier[103] neben Apollo, auch sie höher als alle anderen. Was ist das Wichtige, erstaunlicherweise noch nicht Bemerkte? Wie gesagt hat die Frau nur im betrachteten Bild wie Apollo einen zarten Nimbus, tatsächlich so zart, dass man ihn übersehen konnte. Ein Nimbus, der in der christlichen Kunst zum Heilgenschein wird, kommt in der klassischen Antike gewöhnlich[104] den unsterblichen Göttern zu. Das spricht für unsere Erklärung. Die schöne Frau ist Aphrodite.

Schon 1868 meinte Wolfgang Helbig bei der ersten Beschreibung des Wandgemäldes in deutscher Sprache[105], dem Maler sei beim Nimbus des Apollo die Farbe ausgegangen. Auch er hat den Nimbus bei der weiß gekleideten Frau nicht bemerkt. Da der Nimbus Aphroditens, der besonders gut auf der vom Beschauer aus linken Seite ihres Kopfes auszumachen ist (Bild auf der Umschlagvorderseite), ebenso zart ist wie der des Apollo, muss diese Zartheit kunstvolle Absicht sein. Sie ist eine Eigenart des Malers und zwar wahrscheinlich auch desjenigen der originalen Bildvorlage. Das scheint offensichtlich. Auch die matronale Gewandung dieser Göttin ist keineswegs ungewöhnlich. Jedenfalls lehren das nicht wenige campanische Gemälde der Kaiserzeit mit Darstellungen der Götter Ares und Aphrodite. Ich verweise zum Beispiel auf das Bild aus der Casa dell'Amore Punito MANN Inv. 9249[106].

Noch ein anderer ist zu Gast bei diesem tragischen Hochzeitsfest: der Bote. Auch er muss eigentlich ein Gott sein: Thanatos, der Tod. Hier ist er vielleicht

---

103 Zu der Frage, ob die Frau neben Apollo auch in anderen, weniger eindrucksvollen Verwandlungen des Gemäldes Aphrodite darstellt, siehe unten S. 58.

104 In einem pompejanischen Bild hat auch Dido einen, Strocka (2006) 279 Abb. 8, wenn der Maler nicht Venus und Adonis darstellen wollte, wie Strocka, a. O. 281 einräumt.

105 Helbig (1868) Nr. 1157.

106 Helbig (1868) Nr. 325; Schefold (1957) 172; PPM IV 674; PPP III 78; Hodske (2007) 146 Kat. 435 Taf. 6,3. Vgl. auch die bei Hodske (2007) unter dem Stichwort Aphrodite auf Taf. 18-20 abgebildeten bekleideten Aphroditen im gleichen Motiv wie unbekleidete.

nur dessen Abgesandter. RILKE beginnt sein Gedicht mit den Worten: »Da plötzlich war der Bote mitten unter ihnen.« Er sagt nicht: er stand. In dem Bild sitzt er dunkel vor den hellen Gewändern der Frauen.

Merkwürdig ist, dass dieser Bote als Sitzgelegenheit ein Tischchen benutzt, das mitten im Raum steht und offenbar Admetos zuvor als Esstisch dienen sollte. Dieses Detail macht klar, dass man mit dem Auftreten des Boten nicht gerechnet hatte. RILKE schreibt: »Aber plötzlich sah/mitten im Sprechen einer von den Gästen/den jungen Hausherrn oben an dem Tische/wie in die Höh gerissen/nicht mehr liegend/«. Admetos sitzt auf einer nicht sehr deutlich gemalten Kline[107], einer Speiseliege, über deren Ende das Fell eines Tieres gebreitet ist. Dessen Tatzen hängen auf der Seite des Bettes herab, ein übliches Detail ebenso wie das vor Admetos stehende Tischchen, auf das sich der Bote unziemlicher Weise gesetzt hat.

Der Bote zeigt Admetos herrisch, – oder ist RILKES Wortwahl ›plötzlich‹ treffender? –, die Schriftrolle des Orakels. Mit der Rechten deutet er, Nachdruck verleihend, auf die furchtbare Botschaft an Admetos. »Da schlug er jäh / die Hände vors Gesicht«/. Der Bote ist eine sehr wichtige Figur der Bildkomposition. Auf ihn könnte die Beschreibung von PLINIUS 35, 94 über den Herakles des Apelles zutreffen: »das Gemälde bietet die Darstellung eines vom Betrachter Abgewandten, dessen Gesicht, was äußerst schwierig darzustellen ist, genau gezeigt und nicht nur der Vorstellung überlassen wird«. Der Bote ist vom Rücken gesehen, doch man sieht sein Gesicht von der Seite, sein düsteres Profil. Er schließt den Kreis der vor Apollo befindlichen Figuren gegenüber dem Betrachter ab. Mit Alkestis und Admetos bildet er eine Dreiergruppe, der die Dreiergruppe von Aphrodite und Klymene, die beide in voller Gestalt sichtbar werden, sowie von Pheres gegenübergestellt ist, von dem man nur den Oberkörper sieht. Das rechte, dem Betrachter nächste Tischbein und der beschattete Rand des von der rechten Ellenbeuge Aphroditens herabfallenden Gewandes bilden eine Senkrechte, welche die beiden Gruppen im Bild deutlich trennt. Das stiftet Sinn. Stehend beobachten die einen von rechts voller Schrecken die anderen, in das Geschehen unmittelbar verwickelten, angespannt sitzenden Figuren in

---

107 Das Bein einer Kline bietet an dieser Stelle die verwandte Adaption des gleichen Vorbildes aus Pompeji Regio VI 8, 3-5, tablino, Casa del Poeta tragico, ausgegraben 22. Januar 1825, BRAGANTINI (2009) 334f. Scheda 150, LUCIA ROCCO. Bisweilen überliefert auch eine weniger sorgfältige Umsetzung des originalen Vorbildes eine authentische Einzelheit.

der linken Bildhälfte. Welche Gedanken die Figuren bewegen, ist in ihrer Kopfhaltung ausgedrückt. Die Blicke aller, außer dem des Gottes, richten sich auf Admetos, der die Stirne mit der Hand stützt und in sich versinkt.

Einmal noch hatte Admetos des Mädchens Antlitz gesehen, »das sich wandte mit einem Lächeln«. Mit diesem Antlitz ist dem Maler ein psychologisches Meisterwerk gelungen. Das Gesicht mit seinem tränenerstickten Lächeln ist schön wie das der Liebesgöttin neben ihr. Doch ein schwerer Schmerz ist mit den bewegten Brauen in die Stirn gegraben. Die Augen quellen vom Weinen über, als sie, um Abschied zu nehmen, die Hand auf den Rücken des geliebten Gatten legt, mit den Fingerspitzen seinen Unterarm berührend. Dies traurige Lächeln war Admetos hell erschienen »wie eine Hoffnung,/ die beinahe ein Versprechen war: erwachsen/zurückzukommen aus dem tiefen Tode/zu ihm dem Lebenden./« Der Betrachter, der die Tragödie des Euripides kennt, weiß, dass Herakles kommen wird und die junge Frau dem Tode abringt.

Dieses glückliche Ende hat der Maler offen gelassen. Der Betrachter sieht nur die Tragödie, es sei denn, dass anders als bei Euripides, wo Herakles helfend eingreift, in der »Schwester der Alkestis«, der Liebesgöttin, die ihre Hand erhebt, ein glücklicher Ausgang angedeutet ist.

Der griechische Maler, dessen Bild sich der römische anverwandelt hat, kannte den sehr alten Alkestis-Mythos genau. Schon im 8. Jahrhundert nennt der Ilias-Dichter HOMER im Schiffskatalog II, 711ff. Alkestis »die schönste von Pelias' blühenden Töchtern«. Ihr märchenhafter Mythos galt dem ganzen Altertum als das glücklichste Beispiel unbedingter Gattenliebe.

Dass der Maler auch die 438 uraufgeführte, berühmte Tragödie Alkestis des Euripides kannte, ist zumindest wahrscheinlich. Die Tragödie war auch deshalb berühmt, weil sie wegen des glücklichen Ausgangs als vierte anstelle des Satyrspiels in einzigartiger Weise die Tetralogie beschloss. Doch der Maler hat ihr eine eigene bildkünstlerische Fassung gegenüber gesetzt, die weniger mit dem tragischen Drama glücklichen Endes zu tun hat, das in seiner Tragödienform der Forschung immer rätselhaft blieb, als vielmehr mit göttlicher Gewalt, an der Euripides zweifelte.

Auch RILKE hat das Bild anders gesehen, als der Maler es offenbar gemeint hatte. Er bringt aber den Anschauenden dahin, dass etwas in seinem Innern vor sich geht, was eine bloße Beschreibung des Bildes nicht in Gang setzen könnte. Es gibt zahlreiche antike Darstellungen des Mythos, aber keine ist so ergreifend wie diese.

Die Frage bleibt, ob man für die griechische Urfassung, die dem Bilde zugrunde liegen muss, ein Entstehungsdatum ermitteln kann. Die Komposition mit den höher aufragenden Göttern, mit den in einer Diagonale von rechts oben nach links unten in einem flachen Bildraum verteilten Figuren, insbesondere mit ihren in drei Reihen über- und hintereinander aufgereihten, sprechend bewegten Köpfen ist rein spätklassisch.

Ebenso legen die verhaltenen Farben, die deutlich mit Bleiweiß aufgehöhten Glanzlichter, welche die Schläfen, Nasenrücken, Finger streifen, eine Entstehung der Komposition vor dem Ende des 4. Jahrhunderts nahe. Die Farben sind unmissverständlich die von Plinus 35, 30 *colores austeri* genannten herben Abstufungen von Weiß, Ocker, Rot und Schwarz, die im Gegensatz stehen zu den blühenden, den *colores floridi.*

Die herben Farben ermöglichen durch geschickte Mischung eine große Skala zwischen schwärzlichen, violetten, lippenroten, dunkelgrünen, bläulichen, braunen, gelben und weißen, zarten oder kräftigen Tönen, unter denen aber die hellen, strahlenden Varianten von Rot, Grün, Blau und Türkis völlig fehlen. Belebt sind die Farben besonders des Inkarnates durch Schräg- und Kreuzschraffuren, durch feine Abschattierungen, Nuancen und Kontraste. Wegen der Sättigung dieses Wandgemäldes mit solchen herben Farben und der edlen Formgebung der Gestalten und ihrer Gewandung kann das Bild als eines der schönsten unserer Überlieferung gelten. Gleichwohl bleiben Fragen nach den Abweichungen vom voraus zu setzenden griechischen Original, zum Beispiel die Frage, ob die Figuren schon im Original so erstaunlich dicke Hälse hatten.

Besondere Beachtung verdient der in leicht wolkigen, auf den Seiten graubraunen, in der Mitte grauvioletten Farbtönen gehaltene Hintergrund der Szene. Er ist durch zwei etwas dunkler kontrastierte, flache Pilaster in drei Teile geteilt, von denen die seitlichen, schmaleren, gewiss Wände wiedergeben sollen, während der mittlere, breite zwischen den Pilastern eine Wandöffnung darstellen könnte, die in nächtliches blaues Dunkel führt. Die Dunkelheit lehrt, dass die Szene nach Sonnenuntergang spielt. Das Ganze hat etwas bühnenmäßiges, ein Eindruck der verstärkt wird durch den hoch gezogenen, in helleren und dunkleren Falten abgetönten Vorhang, der rechts und links durchhängt.

Wir erwähnten schon, dass der Maler den ihm möglicherweise bekannten klassischen Alkestis-Dramen, von denen nur das an Stelle des Satyrspiels als viertes der Tetralogie aufgeführte des Euripides erhalten ist, eine eigene Version gegenübergestellt hat. Auch über dieser wird ein Vorhang aufgezogen. Im Gegensatz zum Vorhang im Theater, der aus einem Schacht nach oben gezogen werden musste, würde der in der Mitte geraffte Vorhang im Gemälde aber von oben herab fallen. Man möchte diesen Hintergrund und den Vorhang nicht missen, obgleich man nicht völlig sicher sein kann, ob er auch beim Vorbild so aussah. Da dieser Hintergrund aber eine sonst nicht erkennbare Aussage über die Tageszeit enthält, in der die Szene spielt, fragt man sich vergeblich, wie der Hintergrund sonst hätte aussehen können.

Von größter Wichtigkeit für die Bildkomposition ist auch die Dreiteilung des Hintergrundes und dies vor allem für die Wirkung der beiden Dreiergruppen im Vordergrund, derjenigen der stehenden Figuren rechts und der sitzenden links, die jede ihr eigenes Gewicht haben. Dem Sinn entsprechend ist die rechte, auch weil die drei Figuren stehen, schmaler als die linke mit den sitzenden Gestalten. So bildet die Senkrechte, welche die beiden Gruppen trennt, nicht die Mittelachse des ganzen Bildes. Diese wird von der siebten Gestalt, Apollo, eingenommen. RILKE hat es erfasst: »wie er dastand, innerlich voll Sendung«.

Was RILKES exemplarisches Gedicht selbst angeht, so darf man sagen, dass die Ansicht der Germanisten nicht überzeugend ist, die Textvorlage, die RILKE für seine Verarbeitung des Alkestis-Mythos von 1907 benutzte, sei die Euripideische »Alkestis« gewesen[108]. Die Vorlage des Dichters war vielmehr ganz offensichtlich das Gemälde aus Herculanum (Abb. 8).

In diesem Gemälde wird man nach allem Gesagten das spätklassische Vorbild wohl für sehr sorgfältig kopiert erachten und auch dieses Vorbild mit seiner herrlichen Komposition wie die meisten römisch-pompejanischen Gemäldekopien ins letzte Drittel des 4. Jahrhunderts datieren dürfen. Es war in der Malerei die den Römern der neronisch-flavischen Zeit liebste griechische Kunstepoche.

Als Bestätigung der Annahme eines griechischen Originalbildes muss man die Tatsache werten, dass es drei weitere Gemälde mit dem gleichen Thema aus Pompeji gibt:

---

108 ZINN, ERNST, Rainer Maria Rilke und die Antike. Eine Vortragsfolge (1946-1948), in: E. ZINN, Viva Vox. Römische Klassik und deutsche Dichtung, hg, MICHAEL VON ALBRECHT (Frankfurt/Main 1994) 321 ff.; HAMBURGER, KÄTHE, Von Sophokles zu Sartre. Griechische Dramenfiguren antik und modern (Stuttgart 1964) 148; SPÖRL, UWE, Rilkes poetische Bezugnahme auf die Antike, in: ENGEL, MANFRED; LAMPING, DIETER, hg, Rilke und die Weltliteratur (Düsseldorf Zürich 1999) 49.

1. Ein fast völlig zerstörtes MANN s. n. ist nur noch durch eine bald nach der Ausgrabung im späten 18. Jahrhundert angefertigte Tafel für die Publikation »Gli ornati delle pareti ed i pavimenti delle stanze dell'antica Pompei (Neapel 1796–1808)« kenntlich[109].

2. Von dem anderen MANN Inv. 9025[110] ist nur ein Fragment erhalten.

3. Das dritte MANN Inv. 9026 ist ein weitgehend vollständiges Mythenbild aus dem 1824 ausgegrabenen Haus des Tragischen Dichters VI 8, 3.5, von der Ost-Wand des Tablinum 8[111].

Die aufeinanderfolgenden Inventarnummern 9025 und 9026 zeigen, dass man schon bei der Inventarisierung im Jahr 1787 die thematische und kom-

---

109 Helbig (1886) 1159; Klein, Wilhelm, Pompejanische Bilderstudien III, Österreichische Jahreshefte 23, 1926, 111; Bragantini (2001) 804 Anm. 17, 810-811 Abb. 1.

110 Helbig Nr, 1160 (L 0,49 m); PPM IV 546 Abb. 36; Hodske S. 252 Taf. 168 Kat. 829 danach aus unbekanntem Haus, nach LIMC a. O. Nr. 54c zerstört aus Pompeji Regio VII 12,28. Die Längenangabe 0,49 m bezeugt, dass das Fragment von einem Gemälde der gleichen Größe wie Inv. 9026 stammt. Die Gemälde Inv. 9025 und Inv. 9026 werden in der wissenschaftlichen Literatur manchmal mit einander und auch mit dem hier ausführlich behandelten aus Herculanum Inv. 9027 verwechselt. Das letztere zum Beispiel zählt Umberto Papalardo bei Mazzoleni (2005) 338 Abb. S. 354-355 und Pappalardo (2009) 188-189 zu den Gemälden aus dem Tablinum der Casa del Poeta tragico, dieses hat aber die Inv. Nr. 9026. Hodske (2007) Taf. 168,1 und 2 Kat. 228/IV 829 U 401.53.829 behandelt die beiden Gemälde mit dem Thema Admetos und Alkestis richtig, erwähnt aber Inv. 9027 nicht, weil er nur Bilder aus Pompeji heranzieht. F. Narciso in: PPM IV 546 bildet irrtümlich das Fragment Inv. 9025 ab, beschreibt aber a. O. 547 Abb. 36 Inv. 9026. Wie Hodske (2007) 302 Anm. 240 schon feststellte, kann es sich nach Ruesch Nr. 1388 nur um MANN Inv. 9026 handeln. Richtige Zuordnung: LIMC I 1 S. 541 Nr. 54 a (L 1,17 H 1,45 m). 9027, b. 9026 (L 0,81 H 0,98 m), c. 9025 d. Zerstört aus Pompeji VII 12,28 (nach Helbig 1160: L 0,49 m).

111 Helbig (1868) Nr. 1158; HBr I 2(1907) Taf. 13; Schefold (1957) 105; PPM IV 547. 36; PPP II 167; LIMC I 1 S. 541 Nr. 54 b. Inv. 9026 L 0,86 m H 1,06 m; Hodske (2007) 252, Taf. 168,1 Kat. 228; Bragantini (2009) 234f. Scheda 150 Lucia Rocco. PPM IV 546 Abb. 36 ist irrtümlicherweise MANN inv. 9025, beschrieben wird S. 547, 36: »Tablino (8), Parete E: quadro (conservato al Museo Nazionale di Napoli, inv. n. 9025; cm 81 x 98): la coppia costituita da Admeto e Alcesti compare seduta mentre l'oracolo riferisce della prossima morte di Admeto; alla scena assistono i genitori della giovane sposa ed una fanciulla, a destra il busto di Apollo. È forse da riconoscere nel quadro una replica di pittura ellenistica, sotto l'influenza della tragedia euripidea. Diap. AFSN s. n.«

positionelle Verwandtschaft der Gemäldeausschnitte aus ganz verschiedenen Häusern erkannt hatte.

An dieser Stelle ist eine kurze Beurteilung der beiden Gemälde unter Verweis auf leicht zugängliche Abbildungen angebracht.

Wir beginnen mit dem nur durch die publizierte Abbildung bekannten[112], weil es die Szene sehr ähnlich wiedergibt wie MANN inv. 527 (Abb. 8), wenn auch mit einigen zusätzlichen Figuren. Bragantini[113] spricht deshalb von einer größeren Komplexität der Ikonographie. Der deutlichste Unterschied ist die Tatsache, dass links hinter Admetos und Alkestis die Oberkörper zweier weiterer Figuren, einer weiblichen und einer männlichen, sichtbar werden. Sie sind stehend dargestellt und dürften zum Hofstaat im Palast von Pherai gehörende Personen wiedergeben. Apollo trägt keinen Bogen sondern hält in der Linken zwei für ihn ungewöhnliche Speere. Pheres stützt sich mit dem Kinn auf seine beiden Hände, die auf dem oberen Ende seines Stabes liegen. Die Alkestis schwesterlich verwandte Frau rechts neben Apollo legt ihren linken Arm um die Schulter von Pheres wie Alkestis ihren rechten um diejenige ihres Bräutigams.

Alle diese Unterschiede von dem Bild aus Herculanum MANN Inv. 927 (Abb. 8) erweisen sich bei kritischer Betrachtung als Abweichungen von dem vorauszusetzenden Original, durch die der Maler im Haus der Masseria di Irace in Pompei die Komposition des Bildes verschlimmbessert hat. Die beiden hinzugefügten Gestalten sollen offenbar den Hofstaat vergegenwärtigen. Sie sind ein Gegenstück zu Aphrodite und Pheres rechts und machen die Flügel des Bildes in typisch römischer Kompositionsweise symmetrisch, darin dem Theseusbild aus dem Haus des Gavius Rufus[114] vergleichbar. In demselben Sinn wiederholt der Maler auf der rechten Seite die Geste des um die Schulter gelegten Armes, der allerdings bei Aphrodite gänzlich sinnlos ist. Es ist aber auch nicht sicher, ob der Maler überhaupt verstanden hat, dass diese Frau Aphrodite darstellt, denn er hat ihr keinen Nimbus[115] gegeben, der bei dem Bild aus Herculanum (Umschlagbild) die Benennung der Göttin erst ermöglicht hat. Dass Apollo zwei Speere in der Linken hält, ist auch keine Verbesserung der Komposition. Seine Waffe sind Pfeil und Bogen.

---

112 Siehe Anm. 109.
113 a. O. 804 Anm. 17.
114 Siehe oben Anm. 57.
115 Siehe oben S. 52.

Denkt man sich diese Veränderungen gegenüber dem Bild aus Herculanum weg, so bleibt die gleiche Komposition wie bei Abb. 8 übrig.

Man könnte dann bei diesen beiden Gemälden sogar von Kopien sprechen und müsste sie nur mit einer gewissen Zurückhaltung als Adaptionen bezeichnen.

Jetzt zum zweiten stark fragmentierten Gemälde MANN Inv. 9025. Einzige, leider nur mäßige Farbabbildung bei F. Narciso, PPM IV 546 f. Er bildet Inv. 9025 ab, bezeichnet es aber irrtümlich als Inv. 9026. Er beschreibt als Abb. 36 jedoch das Bild von der Ostwand des Tablinums VI 8,3.5 (8) Inv. 9026. Was in dem Fragment Inv. 9025 mit einer Länge von 0,49 m von dem Bild erhalten ist, bietet eine dem Bild aus der Casa del Poeta tragico Inv. 9026 sehr ähnliche Figurenanordnung. Allerdings ist rechts neben Alkestis, ein wenig in den Hintergrund gerückt, noch eine weitere sitzende Frau wohl aus dem Hofstaat von Pherai dargestellt. Vom links sitzenden Admetos sind nur die Beine und ein Arm erkennbar. Er scheint diesen gesenkten rechten Arm in Richtung auf den vor ihm auf dem Tischchen sitzenden Boten auszustrecken. Dieser Arm hat jedenfalls große Ähnlichkeit mit dem im Bild Inv. 9026. Auch Alkestis ist recht ähnlich, neigt ihren Kopf aber nach rechts. Die Qualität dieses und des dritten Bildes ist unvergleichlich viel geringer als die des Gemäldes aus Herculanum MANN Inv. 9027 (Abb. 8). Das betrifft nicht nur die Malweise, sondern auch die Komposition. Die Figuren dürften aber, nach dem 49 cm langen Fragment zu urteilen, ebenso groß gewesen sein wie in den drei anderen Bildern mit dem gleichen Thema.

Das dritte Bild[116] MANN Inv. 9026 ist vollständiger erhalten in einer Länge von 0,86.5 m und einer Höhe von 1,06 m. Kompositionell ist das Bild anders als Abb. 8 in drei Tiefenschichten aufgebaut. Vorn rechts sitzt der Bote mit einem Schreibtäfelchen in den vorgestreckten Händen auf dem ziemlich weit nach rechts gerückten Tisch. Ihm gegenüber links Admetos auf einem Sitz, der ein etwas sorgfältiger gemaltes Klinenbein besitzt. Er saß also im Vorbild wohl ursprünglich auf einer Kline, wie man sie wegen des Tischchens erwarten muss. Er hat nur einen Mantel um die Beine geschlungen. Am rechten Bein lehnt das abgestellte Schwert. Admetos greift mit der rechten Hand nach dem ihm hingestreckten Täfelchen, auf dem das Orakel verzeichnet ist. Das Kinn stützt er auf die linke Hand. Neben ihm sitzt Alkestis im Mantel, den sie über den

116 Bragantini (2009) 335.

Kopf gezogen hat. Sie stützt ebenfalls das Kinn auf den linken Arm. Das ist eine Verdoppelung des Motivs, die nicht als gelungen bezeichnet werden kann. Der Kopf der Alkestis ist nach links zurückgelehnt.

Hinter diesen drei Hauptfiguren im Vordergrund ist eine halbhohe Scherwand aufgebaut, welche eine in den Vordergrund vorstoßende, links beschattete Ecke bildet. Darüber sieht man die Oberkörper von vier Gestalten. Links hinter Admetos ein altes, weißhaariges Paar, in dem man wohl, trotz abweichender Erklärungen[117] Klymene und Pheres erkennen muss. Rechts Apollo mit Nimbus, Bogen in der Linken und Köcher über seiner rechten Schulter. Über die linke Schulter fällt der Mantel. Die Frau links neben ihm hat den Mantel über den Kopf gezogen, breitet ihre rechte Hand aus und blickt ihn an. Ein Nimbus ist nicht zu erkennen. Es ist deshalb nicht sicher, ob sie Aphrodite darstellen soll, doch eine andere Erklärung wurde auch nicht gefunden. Der Maler hat wohl einfach die Figur aus dem Vorbild übernommen, ohne über deren Bedeutung nachzudenken. Die dritte Schicht bildet die Hintergrundwand, die derjenigen in MANN Inv. 9027 (Abb. 8) bis auf das weit herunterhängende Vorhangtuch recht ähnlich ist. Insgesamt muss man diese Adaption als nicht gerade gut gelungen beurteilen, auch wenn sie offenbar die Einzelheit des Klinenbeins bewahrt hat.

Die Repliken 2. MANN Inv. 9025 und 3. MANN Inv. 526 beweisen immerhin, dass es ein gemeinsames Vorbild gegeben haben muss. Obwohl die beiden Bilder untereinander genauer übereinstimmen, können sie keine guten Wiederholungen des Urbildes sein, das in Inv. 9027 sehr viel qualitätsvoller gestaltet ist. Auch Einzelheiten in Inv. 9026 wie erstens die Verdoppelung des Motivs des aufgestützten linken Arms von Admetos und Alkestis, zweitens die wie ein Thronsessel wirkende Kline des Admetos, der nicht zum allzu weit nach rechts gerückten Tisch passt, auf dem der Bote sitzt, weiter die Scherwand, die unbestimmbare Frau anstelle der Aphrodite mit Nimbus in Inv. 9027 (Umschlagbild und Abb. 9) und das aufgespannte Tuch vor der Rückwand sprechen dagegen.

Die beiden Bilder MANN Inv. 9025 und 9026 geben kaum etwas für das gemeinsame Vorbild her und konnten deshalb bei der Betrachtung der als gelungen zu bezeichnenden Nachbildung des griechischen Gemäldes Inv. 9027 (Abb. 8) weitgehend außer Acht bleiben.

117 Hodske (2007) 252 Taf. 168.

Vor allem ging es hier darum, aufgrund der poetischen »Beschreibung« des Bildes in der Elegie »Alkestis« von RAINER MARIA RILKE die in der Wissenschaft umstrittene hohe Qualität der Kopie (Abb. 8, 9 und Titelbild) bewusst zu machen. Poesie gilt ja nach JOSEPH BRODSKY[118] »als ungeheure Beschleunigung des Empfindens und Denkens«. Demnach muss ein Kunstwissenschaftler, der methodisch von einer eigenen Beschreibung des betrachteten Bildes auszugehen hat, sich bescheiden und mit Hölderlin[119] zugeben, dass Bleibendes nur die Dichter stiften.

Wir beenden daher dieses Kapitel mit dem Auszug eines am 8. März 1907, einen Monat nach der Abfassung der Elegie »Alkestis« von RILKE an seine Frau Clara gesandten Briefes:

> »Das Anschauen ist eine so wunderbare Sache, von der wir so wenig wissen; wir sind mit ihm ganz nach außen gekehrt, aber gerade wenn wirs am meisten sind, scheinen in uns Dinge vor sich zu gehen, die auf das Unbeobachtetsein sehnsüchtig gewartet haben, und während sie sich, intakt und seltsam anonym, in uns vollziehen, ohne uns, - wächst in dem Gegenstand draußen ihre Bedeutung heran, ein überzeugender, starker, ihr einzig möglicher Name, in dem wir das Geschehnis in unserem Innern selig und ehrerbietig erkennen, ohne selbst daran heranzureichen, es nur ganz leise, ganz von fern, unter den Zeichen eines eben noch fremden im nächsten Augenblick aufs neue entfremdeten Ding zu begreifen«.

---

118 Vgl. ANDREAE, BERNARD, Perserschutt, in: MINKEWITZ, REINHARD, HYMETTOSBLAU, Ausstellung Leipzig 1. Juni – 18. August 2013 (Leipzig 2013) 77-81, besonders 79.

119 FRIEDRICH HÖLDERLIN, Andenken (1803) letzte Zeile.

7. Das homerische Gelächter (?)

(Abb. 10 Ares und Aphrodite[120] */ Abb. 11 Ares und Aphrodite*[121]*)*

Wie schwierig es ist, die Qualität römischer Gemäldekopien von griechischen Gemälden zu beurteilen, lehrt besonders eindrucksvoll ein unter dem Titel »Ares und Aphrodite als Liebespaar« bekanntes Bild, das 1899 in der Casa di Marcus Lucretius Fronto ausgegraben wurde und sich dort an der Nordwand des Tablinums in situ befindet (Abb. 11). Es ist eines der am häufigsten abgebildeten, aber noch nicht restlos erklärten und möglicherweise, wenn sich nicht zufällig ein bisher unbekannter Text findet, auch letztlich unerklärbaren Bilder.

Das Bild wird bisweilen unter Hinweis auf die bekannte Geschichte des homerischen Gelächters aus der Odyssee 8, 266–366 verständlich zu machen versucht. Eine Liebesgeschichte von Ares und Aphrodite bildet nämlich auch den Inhalt eines berühmten Vortrages des Sängers Demodokos, den Odysseus am Hof der Phäaken anhörte. Der Maler[122] hat, wenn überhaupt, nur Ausschnitte der im 8. Gesang vorgetragenen Geschichte für sein Bild verwendet, diesen nicht etwa in der Wortfolge illustriert. Was ihm davon wichtig war, scheint so deutlich ins Bild gesetzt, dass ein Zweifel, was gemeint sei, begründet werden muss. Ohne weiteres denkbar ist, dass dieses Gemälde eine andere Dichtung illustriert. Diese müsste den auch von Homer verarbeiteten Mythos in einer eigenen Form gestaltet haben, die genauer mit der Darstellung in Pompeji übereinstimmt. Da diese Dichtung aber, falls es sie gab, nicht erhalten und bekannt ist, greifen wir unter Hinweis auf die einzelnen Verse aus dem 8. Buch der Odyssee zunächst das heraus, was das Bild erklären könnte.

Demodokos singt über die Liebe von Ares zu Aphrodite. In Vers 289 heißt es: »Aphrodite saß da«. In Vers 292 sagt Ares, der die Abwesenheit des Gatten, Hephästs, ausgenutzt hat und ins Haus eingedrungen ist: »Komm jetzt, Liebe,

---

120 Regio I 7, 19, Casa di P. Cornelius Tages ausgegraben 1912, L 0,90 m H 0,94 m, in situ fast zerstört, Schefold (1957) 36; PPM I 766; PPP I 74; Hodske (2007) 145 Taf. 6,2 Kat. 43.

121 Regio V 4,a. 11, Casa di M. Lucretius Fronto ausgegraben 1899, L 0,46 m H 0,45 m, in situ, Schefold (1957) 85; PPM III 1017f.; PPP II 87f.; Hodske (2007) 145 Taf. 6,1 Kat 167.

122 Dieser pompejanische Maler war ein besonders sorgfältiger Handwerker, was auch aus seiner Handhabung der klassischen Vierfarbenmalerei und der Purpurfarbe hervorgeht, siehe unten S. 67f.

zu Bett!« Der Bildraum wird von dem großen Bett beherrscht, in welches die Gottheiten in Liebe jetzt steigen könnten. Doch sie wirken unbeweglich. Bei Homer fesselt der betrogene Hephäst sie mit unsichtbaren Fesseln. Vers 280f. liest man: »Fein wie Spinnengewebe; die hätte wohl keiner gesehen«, und Vers 298: »Da gab es kein Regen der Glieder und kein Erheben«. In Vers 326 erhob sich nun unter den herbeigeeilten Göttern, »unauslöschliches Gelächter«. Eintreten sieht man in dem Gemälde durch die Tür in der Mitte der Rückwand, die den dargestellten Raum im Hintergrund abschließt, aber nicht viele Götter, sondern nur einen einzigen in Begleitung zweier weiblicher Figuren, wohl Göttinnen. Der Gott trägt charakteristische Stirnflügel. In der römischen Plastik, auch bei Kopien klassischer Plastiken[123] trägt Hermes derartige Flügel im Haar, während sie in der griechischen Kunst nur am Hut ansetzen. So wie die Figur diese Stirnflügel im römischen Wandbild trägt, begegnen sie allerdings nur bei Hypnos, dem Schlafgott[124]. Dieser kommt im Gesang des Demodokos bei Homer nicht vor, dort spielt hingegen Hermes eine besondere Rolle, denn Zeus fragt ihn in den Versen 335–337, ob er nicht selbst gern, gezwängt in starke Fesseln, im Bett bei der goldenen Aphrodite schlafen würde. Daraufhin erklärt Hermes in den Versen 339–343: »Wenn das doch nur geschehen möchte«. Da könnten dreimal so viel, unendliche Netze um ihn geschlungen sein; zusehen dürften die Götter und Göttinnen alle. Dennoch ruhte er gern bei Aphrodite, der goldnen. Und wieder lachen die Götter.

Nachdem Ares und Aphrodite durch Vermittlung Poseidons befreit, der Gott nach Thrakien und Aphrodite nach Zypern entwichen waren, heißt es in Vers 366, dass die Chariten Aphrodite in reizende Kleider hüllten. Diese dürften nicht ganz unähnlich ausgesehen haben wie Unter- und Obergewand in dem pompejanischen Bild. Aphrodite ist in den antiken Darstellungen keineswegs immer in ihrer bloßen Schönheit zu sehen, sondern bis zur zweiten Hälfte des 4.

---

123 Zu den Stirnflügeln des Gottes, der von den einen Hypnos von den anderen Hermes genannt wird, vgl. LIMC Hermes 915, 934, 936, 938, 953; vgl. dazu den eindrucksvollen Bronzekopf des Hypnos mit Stirnflügeln (4. Jahrhundert v. Chr. oder römische Kopie des 1. Jahrhunderts v. Chr.) aus Civitella d'Arno im Britischen Museum, London Inv. GR 1868; Brinkmann (2013) 331 Nr. 42 Laura Picht.

124 Der Kopf im Britischen Museum (s. die vorhergehende Anm.) ist z. Zt. der Niederschrift dieser Abhandlung in der Ausstellung »Zurück zur Klassik« im Liebieg-Haus in Frankfurt ausgestellt Brinckmann (2013) 331 Kat. 42. Ich konnte ihn ausgiebig betrachten und neige zu der Ansicht, ihn für ein Original zu halten.

Jahrhunderts, der Zeit von Apelles und Praxiteles, war sie immer bekleidet und auch danach kommt es auf den Anlass der Darstellung an.

Wir werden noch sehen[125], dass es gerade die Frage der Bekleidung ist, die ein Urteil über die Qualität römischer Kopien griechischer Vorbilder so schwierig macht.

Zunächst noch einmal zurück zu dem kleinen Bild (Abb. 11). Hier legt der Gott mit den Stirnflügeln fragend die Hand ans Kinn. Vor ihm, auf der anderen Seite des großen Bettes steht Eros, den Bogen in Händen, den Köcher auf dem Rücken. Mit der ganzen Gestalt erinnert er an den Bogenspannenden Eros Lysipps[126] von ca. 320 v. Chr. Er blickt auf das Paar, das von seinen Pfeilen getroffen ist. Bei Homer kommt Eros nicht vor. In dem Gemälde ist er eine wichtige Figur des Bildaufbaus. Es ist deshalb trotz gegenteiliger Meinungen so gut wie sicher, dass der Erfinder dieses Bildes nicht unmittelbar auf die hundert Verse in der Odyssee zurückgreift, sondern eine andere, uns nicht in einem Text vorliegende Version des Mythos illustriert. Danach würden hier Ares und Aphrodite zunächst von Hypnos in Begleitung der Grazien, nachdem sie zu Bett gegangen

125 Siehe unten S. 65ff.

126 Döhl, Hartmut, Frühhellenistische Eroten (Göttingen 1970) 25 ff.; Helbig II (1966) Nr. 1231 (H. v. Steuben); W. Fuchs, Die Skulptur der Griechen (1993) 108; Arachne Uni Köln schreibt dazu: »Erste großplastische Darstellung des Gottes mit dem Bogen. Die Aktion, bei der beide Hände das Bogenholz greifen, ist nicht eindeutig zu bestimmen, ein Be- oder Entspannen des Bogens ist kaum gemeint, eher ein Prüfen der Bogenspannung zwischen Händen und r. Unterschenkel. Als Urbild ist ein Bronzewerk anzunehmen; Die allgemein anerkannte Zuschreibung an Lysipp beruht auf der stilistischen Nähe zum Apoxyomenos. Die Frage, ob der Typus mit dem von Pausanias erwähnten Eros des Lysipp in Thespiae oder mit dem später in das Lauseion von Konstantinopel überführten Eros aus Myndos (Karien) zu identifizieren sei, wird meist zugunsten des ersteren beantwortet (Rolley 1999; dagegen Hermary 1990); Die Datierung schwankt innerhalb der zweiten Hälfte des 4. Jhs. v. Chr. um einige Jahrzehnte. Der spannungsreiche Aufbau und die Formgebung von Kopf und Gesicht sprechen für eine Entstehung in den 20er Jahren des 4. Jhs. v. Chr. Der Typus ist in zahlreichen Marmornachbildungen erhalten, die allerdings teils erhebliche Abweichungen untereinander aufweisen. Maßgeblich für die Rekonstruktion des Vorbildes sind die Wiederholungen in Brüssel, Leningrad, Rom, Museo Capitolino Nuovo sowie Rom Museo Nazionale 129185. Die Mehrzahl der Wiederholungen stammt aus öffentlichen Gebäuden wie Thermen, Nymphäen u.ä.«

sind, in Schlaf versenkt, bevor Hephäst sie fesselt und die Götter eintreten und sie lachend beobachten.

Die Mythenversion dieses Bildes braucht aber auch überhaupt nicht mit dem homerischen Gelächter zusammen zu hängen. In nachhomerischer Zeit tritt die Erinnerung daran, dass Hephäst der rechtmäßige Gatte Aphroditens ist, immer weiter zurück. Ares und Aphrodite sind ohnehin ein häufig dargestelltes mythisches Paar.

Die Frage, um die es hier geht, ist, ob der römische Maler seine Komposition unabhängig von einem bestimmten Vorbild, also eigenständig und nur unter Verwendung typischer Figuren zusammengestellt hat. Das ist wegen des illustrativen Charakters des Bildes unwahrscheinlich, und doch ist die Frage nur sehr schwer zu beantworten. Man kann nämlich nicht umhin, sich als moderner Betrachter über die unzüchtige Bewegung des Ares zu wundern.

Schon frühere Urteile hatten bemängelt, dass im Gegensatz zur üblichen Darstellung der beiden weitgehend unbekleideten Götter Ares und Aphrodite[127], in zwei Bildern, dem betrachteten in der Casa di M. Lucretius Fronto V,4,11, ausgegraben 1899 (Abb. 11), und einem in der Casa di P. Cornelius Tages I,7,10-12.19, ausgegraben 1912 und inzwischen leider fast völlig zerstört (Abb. 10), eine ungewöhnlich strenge Kleidung gewählt wurde.

Darauf verweisend hat Paul Zanker[128] in seinem wichtigen Essay »Vivere con i miti. Pompei ed oltre«[129] hervorgehoben, dass Venus hier perfekt angezogen ist. »Sie hat sogar den rechten Arm in die Falten ihres Mantels gewickelt. In dieser fast unbeweglichen Pose, erfährt sie die Zärtlichkeiten von Mars, der hinter ihr steht und ihr den Busen unter dem Gewand streichelt«. Wahrscheinlich erkläre sich die nahezu groteske Bekleidung der Göttin aus der Absicht des Hauseigentümers, sich und seine Frau mit dem mythischen Liebespaar zu vergleichen und die Gattin zur gleichen Zeit bezaubernd und keusch erscheinen zu lassen. Das ist ein Argument, das dem heutigen Betrachter des Bildes unmittelbar einleuchtet.

Problematisch wird diese Argumentation gleichwohl, wenn man sieht, dass nicht nur in den beiden schon erwähnten, sondern auch in einem weiteren,

---

127 Hodske (2007) Taf. 1-5.

128 La Rocca, Eugenio (Hg), Roma. La pittura di un impero (Florenz 1990) 94.

129 S. 89-97, hier 94.

etwa ein Vierteljahrhundert früheren Gemälde[130], zweifellos die gleiche Gruppe des göttlichen Liebespaares dargestellt und Aphrodite ganz ähnlich bekleidet ist. Das aus der Wand herausgeschnittene und im MANN Inv. 9249 aufbewahrte Bild gibt nur das Paar der sitzenden Aphrodite und des hinter ihr stehenden Ares wieder.

HODSKE[131] sieht diese Darstellung als Neufassung an und beschreibt sie folgendermaßen:

> »Die Handlung findet in einer Landschaft statt, die im oberen Bildbereich pastellfarben zu verschwimmen scheint. Durch den freigelassenen Vordergrund konzentriert sich das Geschehen im Zentrum der hochrechteckigen Darstellung. Die vertikale Achse wird durch eine mit Tänien umwundene Säule genau in der Mitte des Bildes bestimmt, auf der ein omphalosähnlicher runder Gegenstand ruht.
>
> Direkt vor dieser Säule befinden sich Ares und Aphrodite, die bis auf kleine Änderungen genauso wiedergegeben werden wie die in der Casa di M. Lucretius Fronto. Die erwähnten Begleitpersonen fehlen jedoch.
>
> Links, von beiden isoliert, hockt abgewendet eine junge Frau in Chiton und Hüftmantel und greift in eine Kiste, deren Deckel sie gerade geöffnet hat. Rechts betrachtet der Eros das Paar und greift mit beiden Händen an eine Schnur, die um seine Brust geführt und mit einer Schnalle verschlossen ist.«

Auf dieses Bild trifft die andere der beiden oben benannten Möglichkeiten zu. Es gibt nicht eine vorbildliche Komposition wieder, sondern stellt unter Verwendung typischer Figuren ein neues Bild zusammen. Insofern kann man wie HODSKE von einer »Neufassung« sprechen. Das ist aber zu allgemein. Letztendlich sollte es für alle Fassungen ein Original gegeben haben, aus dem mindestens das Götterpaar entnommen wurde. Um zu einem Urteil zu kommen, welche Fassung dieses am genauesten wiedergeben dürfte, muss man die drei Fassungen unmittelbar miteinander vergleichen.

Es empfiehlt sich, zunächst die beiden Bilder mit den um das große Bett versammelten Figuren zu betrachten. Man sieht auf den ersten Blick, dass das gut erhaltene Bild in der Casa des Lucretius Fronto (Abb. 11) bei weitem nicht

---

130 Pompeji Regio VII Ins. 2,23 Casa dell'Amore punito, Tablino (f) MANN Inv. 9249 L 0,85 m H 1,23 m, ausgegraben 1844 und von der Wand abgelöst. PPM VI S. 672f. Kat. 14; HODSKE (2007) 146 Taf. 6.3 Kat. 435.

131 S. 146, linke Spalte.

so packend ist wie das fast zerstörte aus der Casa di P. Cornelius Tages (Abb. 10). Wenn sich dieses Bild wegen des schlechten Erhaltungstandes auch nicht so gut beurteilen lässt, so ist die Frage nach der Verwandlung des gemeinsamen Vorbildes unter Heranziehung der beiden publizierten Abbildungen doch bis zu einem erstaunlichen Grade zu beantworten[132]. HODSKE[133] schreibt: »Die Variante im rechten, unteren Bereich ziemlich zerstört, beschränkt sich auf wenige Farben, nämlich Schwarz, Weiß, Gelb und Rot sowie Purpur für das Gewand der Aphrodite. Falls die Farbwiedergabe auf den alten Fotos des heute fast völlig zerstörten Gemäldes mit den antiken Farben übereinstimmen, könnte es sich um eine Nachahmung der von PLINIUS, Naturalis Historia 34, 50 so bewunderten Vierfarbenmalerei handeln«.

Das trifft zu. Erstens gibt das von mir vor einem halben Jahrhundert angefertigte Foto nach meiner Erinnerung die Farben richtig wieder. Zweitens, weil diese Farben nach PLINIUS a. O. offensichtlich nur das Weiß der Meloserde, das Gelb des attischen Ockers, das Rot der pontischen Sinope-Erde und das Schwarz des *atramentum* waren. Mit dem Purpur des Gewandes von Aphrodite hatte der Maler aber neben den *colores austeri,* den herben Farben, auch eine der *colores floridi,* der blühenden Farben verwendet, nämlich die von PLINIUS 35, 30 ausdrücklich hervor gehobene Purpurfarbe, die der Auftraggeber dem Handwerker zur Verfügung stellen musste.

132 Eine alte Farbwiedergabe bietet der Belser Verlag Stuttgart C I Taf. 20, Hazan Taf 20 (Foto A. SUZUKI), sowie Pompei. PPM I 766 (gutes SW-Bild); PPP I (1981) 74 (ohne Bilder). PETERS, W.J.TH., La Casa di Marcus Lucretius Fronto a Pompei e le sue pitture (Amsterdam 1993) 213-216. Gründliche Interpretation S. 216: Alcuni elementi per una datazione più alta sono stati accennati: acconciature e vestiti. Da aggiungere il mobilio. La testata semplice del letto è normale per il IV secolo a. C. E non è un fulcrum consueto per i letti romani. Anche la forma del piede del letto è classica. Indica una copiatura di una raffigurazione più antica. Hier: S. 297 Fig. 211 wird die fast völlig zerstörte Westwand des Tricliniums f abgebildet: Resta ancora della parete ovest (fig. 211) una parte sufficente per riconoscere l'identità del sistema decorativo. La raffigurazione centrale, ›Afrodite e Ares‹ (p. 331) manca quasi interamente. S. 331: Sogliano ne scrisse: A destra si troverebbe Ares, rivolto verso Afrodite a sinistra, appoggiata e rivolta verso di lui, ... tutta nuda, salvo un manto rosso-scuro che scendendo lungo il dorso le copre la coscia destra. Die Frage ist, ob es sich hier wirklich um das homerische Gelächter handelt? HELBIG (1868) Nr. 313-328; E. SIMON, LIMC II (1984) 547-548.

133 HODSKE (2007) 146 linke Spalte oben, Anm. 5 auf S. 297.

Das alles spricht dafür, dass wir das zerstörte Bild als eine ziemlich gute Kopie eines vorbildlichen Gemäldes der Zeit ansehen dürfen, in der Apelles, Aetion, Melanthios, Nikomachos ihre für unsterblich gehaltenen Werke schufen, das heißt in der zweiten Hälfte des 4. Jahrhunderts v. Chr. Wegen der stilistischen Nähe zum bogenspannenden Eros des Lysipp[134], der gewöhnlich um 330/320 v. Chr. datiert wird, kann man die Datierung auf das letzte Viertel des 4. Jahrhunderts einengen. Man wird nach allem Gesagten allerdings zugeben müssen, dass man dieses Bild nicht eindeutig erklären kann. Wenn Hypnos und die beiden Chariten gegenwärtig sind, kann nicht das homerische Gelächter gemeint sein. Falls es aber doch dargestellt wäre, müsste man annehmen, dass der Hypnos genannte Gott Hermes ist und dass er die Stirnflügel wie bei den Plastiken erst in den römischen Fassungen des Bildes zur Verdeutlichung erhalten hat. In diesem Fall könnte man aber nicht erklären, warum die vielfach als Chariten angesehenen Frauen neben dem Gott mit den Stirnflügeln die Bettspreite abziehen und so das Liebeslager vorbereiten, auf dem das Paar den Beischlaf vollziehen kann. Beim Beischlaf ist der Gott des Schlafes, Hypnos gegenwärtig. Es fehlt aber ein antiker Text, der das in einer Weise behandelt, welche die Maler hätte anregen können.

Der Zufall der Überlieferung spielt bei unserer Vorstellung von der klassischen Malerei eine enttäuschende Rolle. Dasjenige pompejanische Gemälde, welches das Bild gut wiedergibt, ist weitgehend zerstört, die gut erhaltenen verändern es stärker. Deshalb darf man aber gleichwohl nicht aufgeben. Jede Einsicht ist ein Schritt. Es gibt schließlich die Erfahrung, dass man historische Erkenntnis nur durch fortlaufende Diskussion gewinnt, weil wir uns der Wahrheit nur annähern können.

134 Siehe oben Anm. 126.

8. Aldobrandinische Hochzeit *(Abb. 12, 1-3*[135]*)*

Ein Problem römischer Kopien von griechischen Gemälden ergibt sich aus der Praxis römischer Wandmaler, ihre Vorbilder oft nicht getreu wiederzugeben, sondern dieselben in ihren Gemälden sowohl ausschnitthaft als auch geschlossen zu übernehmen, sie aber gleichwohl mit eigenen Zutaten zu bereichern. Nicht selten kombinieren sie auch Motive aus verschiedenen Vorbildern. Auf jeden Fall sehen sie die griechischen Bilder als eine Anregung zur eigenen künstlerischen Gestaltung an, als reiches Reservoire gefälliger Motive, die sie beliebig verwenden und mit einander verbinden können. Sie skizzieren diese aus der Erinnerung auf die zur Freskierung vorbereitete Wand der Häuser ihrer Auftraggeber wie in der Villa von Oplontis vor den Toren Pompejis[136], oder sie legen sie ihnen in Musterbüchern zur Auswahl vor. Wie solche Musterbücher aussahen, ist durch den erst kürzlich publizierten Artemidoros-Papyrus von Turin[137] besser bekannt geworden.

Zur Beurteilung des Sachverhaltes im Einzelfall hilft die kunstgeschichtliche Erkenntnis, dass die griechische und die römische Kunst sich strukturell grundsätzlich unterscheiden. Das ist den Malern zwar kaum bewusst, schlägt sich aber, da sie im Unterbewusstsein der Sehweise ihrer Zeit unterworfen sind, in ihren Arbeiten erkennbar nieder.

Ein Musterbeispiel dafür ist das wohl berühmteste römische Wandgemälde, die sogenannte Aldobrandinische Hochzeit in der danach benannten Sala delle Nozze Aldobrandine der Bibliotheca Vaticana zu Rom Inv. 69631 (Abb. 12). Dieses Bild, mit dem ich mich seit meiner Studienzeit immer wieder beschäftigt habe[138], ist deutlich in eine diagonal im Raum aufgebaute Mittelszene mit vier Personen um ein Hochzeitsbett und zwei zentral aufgebaute Flügelgruppen mit je drei Figuren komponiert, die links um ein Wasserbecken auf einer Rundbasis versammelt sind und rechts um einen tragbaren Bronzealtar für Holzkohlenfeuer.

Bei allen in dieser Abhandlung betrachteten Gemälden, die als ziemlich getreue Kopien griechischer Vorbilder erwiesen werden können, ist die Kompo-

135 Bibliographie bei Papini, Massimiliano in: La Rocca, Eugenio, Roma. La pittura di un impero (Skira Mailand 2009) 280 II 1.

136 Bragantini (2009) 106,5, Fiorenza Grasso.

137 Gallazzi (2008); Andreae (2012) 81-83.

138 Andreae (1962) 106-117; zuletzt: Andreae (2012) 69 Abb. 58.

sition in evidenter Weise durch Raumdiagonalen bestimmt. Abb. 3: Theseus schreitet an dem schräg im Raum liegenden Minotauros entlang. Abb. 4: Andromeda blickt auf den schräg vor ihr stehenden Perseus, Abb. 5: Argos auf die diagonal vor ihm sitzende Io. Abb. 6: die Diagonalität der Komposition des Telephos-Bildes von Apelles ist besonders komplex. Abb. 7: Hera schreitet schräg nach rechts vorn, begleitet von der die Raumdiagonale nach links hinten vertiefenden Iris; Zeus sitzt auch schräg im Raum, die drei Knaben links vorn füllen den Eckraum mit den Diagonalen ihrer Körper. Abb. 11 und 12: das große für Ares und Aphrodite bestimmte Bett steht wie das der Aldobrandinischen Hochzeit Abb. 12 schräg im Raum. Abb. 13: Briseis, der vom Rücken gesehene Patroklos, der schräg sitzende Achilles, die Herolde stehen auf einer Zickzacklinie. Abb. 14: Der Stier stürmt schräg ins Bild. Abb. 15: Die beiden Mänaden, die Pentheus niederwerfen, sind diagonal ins Bild gesetzt. Abb. 16 und 17: Auch Amphitryo sitzt diagonal. Abb. 18. 19: Desgleichen ist das Zwiegespann im Nessos-Bild diagonal angeordnet. Abb. 20. 21: die Personen des Gemäldes von Achilleus auf Skyros stehen auf zwei einander kreuzenden Diagonalen von Odysseus rechts vorn zum Trompeter hinten links. Von der vom Rücken gesehenen Tochter des Lykomedes führt die andere Diagonale zu der zweiten Tochter rechts hinten.

In der sogenannten Aldobrandinischen Hochzeit (Abb. 12) wird die diagonal aufgebaute Mittelszene als die beim Frühlingsfest in Athen, bei den sogenannten Anthesteria, feierlich begangene Zeremonialhochzeit der Basilinna mit dem Gott Dionysos gedeutet[139]. Die Basilinna war die Gattin des Archon Basileus, eines der neun Oberbeamten der demokratisch regierten Stadt. Der Archon Basileus leitete die Mysterienfeierlichkeiten, beaufsichtigte die Tempel und die heiligen Bezirke, richtete die Opfer der Gemeinde aus und war als Vorsitzender des Areopag-Rates auch bei Klagen wegen Kapitalverbrechen und Gottlosigkeit zuständig. Seine Gattin, die einzige Frau eines Archonten, die Teil hatte an den rituellen Begehungen ihres Mannes, trug den Titel Basilinna. Die Riten des Dionysoskultes waren geheim. Deswegen weiß man nicht genauer, wie die sakrale Zeremonie des hieròs gámos, der Heiligen Hochzeit mit dem Fruchtbarkeitsgott Dionysos im Bukoleion, dem Sitz des Archon Basileus auf dem Staatsmarkt von Athen, vollzogen wurde.

139 Curtius, Ludwig, in: Vermächtnis der antiken Kunst, hg Reinhard Herbig (Heidelberg 1950) 119ff.

Ein für die Öffentlichkeit bestimmtes Bild dieser Zeremonie konnte nur allgemein gehalten und ohne weiteres zu deuten sein, wie dies die Szene um das Hochzeitsbett des römischen Gemäldes überliefert. Die Braut in dem sie ganz verhüllenden Hochzeitsgewand, einem weiten weißen Mantel, der nur das geneigte Antlitz frei lässt, hat sich auf dem kostbaren Hochzeitsbett mit seinen aus Metall gedrechselten Beinen, niedergelassen. Unter ihrem Mantel kommen noch die gekräuselten Falten des Chitons heraus. Die Füße in ihren goldenen Schuhen hat sie auf ein flaches Fußbänkchen von edlem Design mit eingerollten Ständern gestellt. Sie scheint den Worten zu lauschen, welche die mit ihrem bloßen Oberkörper als Liebesgöttin erkennbare Frau mit sprechender Gebärde der rechten Hand an sie richtet. Aphrodite hat oft das Eponym Peitho, weil sie zur Liebe überredet. Es gibt kaum eine andere bildliche Darstellung, welche diese Bemühung, eine schüchterne Braut von der Überwindung ihrer Scheu, von der Schönheit des Liebeslebens, von der Hingabe an den Gatten zu überzeugen, nachdrücklicher ins Bild gesetzt hätte. Der auf einer Stufe am Kopfende des Bettes sitzende Bräutigam wendet das bekränzte Haupt zu den beiden Frauen zurück und verstärkt beim Betrachter den Eindruck, wie wichtig diese sanfte Überredung ist. Der ansehnliche, gebräunte junge Mann scheint unruhig zu sein, wie er mit angezogenem rechten, gestrecktem linken Bein dasitzt, mit der Linken das Knie umklammert und sich mit dem rechten Arm, den Oberkörper zurücklehnend, aufstützt.

Der üppige Kranz aus Efeu und Korymben erweist ihn als den Gott Dionysos mit dem Beinamen Anthios oder Antheos, der Blühende, zu dessen Ehren das Frühlingsfest der Anthesterien zum Zeitpunkt der Öffnung der Fässer neuen Weines vom 11. bis 13. des Blütenmonats Anthesterion, nach heutigem Kalender in der Mitte des Monats Februar, gefeiert wurde.

Ob in dem von der Aldobrandinischen Hochzeit überlieferten griechischen Bild tatsächlich die Zeremonialhochzeit von Basilinna und Dionysos dargestellt ist, ist nicht von entscheidender Wichtigkeit. Die Vermählung mit Ariadne, wie sie im großen Fries der Mysterienvilla in Pompeji[140] dargestellt ist, ist verschieden: Dionysos lehnt im Schoße Ariadnes. Wenn er vor dem Hochzeitsbett sitzend unruhig darauf wartet, dass Aphrodite ihr überzeugendes Gespräch beendet, dann ist die Braut eine andere als Ariadne.

140 Andreae (1973/1999) Taf. 31.

Die Mittelszene mit ihren vier großen, plastischen Figuren ist, wie eingangs erläutert, zwischen Flügelszenen mit jeweils drei Figuren und mit einer Komposition ganz anderer, nämlich zentraler Form, eingeschoben. Rechts sieht man einen Altar, dessen ewiges Holzkohlenfeuer von einer Frau abgedeckt wird. Sie wendet dem Betrachter die Schulter zu. Auf der anderen Seite des kunstvollen Bronzealtars sind zwei Frauen musizierend dargestellt. Die eine, frontal gesehen und in der Mitte stehend, scheint zu singen. Sie trägt eine Lilien-Krone und kann deshalb wohl als Juno Pronuba, die römische Göttin der ehelichen Liebe, gedeutet werden, die andere wirft in tänzerischer Bewegung ihren Oberkörper zurück, wendet den Kopf dem Betrachter zu und schlägt die Lyra. Die ganze Gruppe ist kreisförmig um den Bronzealtar herum aufgebaut.

Das gleiche ist offensichtlich auch bei der Dreifigurengruppe um das Wasserbecken auf dem säulenförmigen Sockel des linken Flügels beabsichtigt. Eine große Matrone, die ihren weißen Mantel über den Kopf emporgezogen hat, hält in der Linken einen Fächer und prüft mit der Rechten die Temperatur des Wassers, das ein Mädchen ihr über die Hand gießt, während ein Knabe im Hintergrund auf einem Ständer das Handtuch bereithält, mit dem die Braut nach der Hochzeitswaschung abgetrocknet werden soll. Da Juno in mehreren Gestalten verehrt wurde, könnte auch die Matrone beim Wasserbecken als Personifikation dieser Göttin verstanden werden, denn die römische Eheschließung wurde durch das Ritual des *igni et aqua accipi*, des Zu-Feuer- und Wasser-Aufgenommenwerdens vollzogen.

Die beiden Flügel des langrechteckigen Gemäldes machen die griechische Hochzeitszene zur Mitte einer römischen Komposition, welche inhaltlich in eine römische Hochzeitszeremonie verwandelt wurde und kompositionell zentral strukturiert ist.

9. Achilleus und Briseis *(Abb. 13*[141]*)*

Aékousa, »widerwillig«, sagt der Dichter[142], ging das Mädchen. Dieses eine, deutliche Wort HOMERS klingt dem Betrachter im Ohr, wenn er sieht, wie das schöne, weinende Mädchen ihren Schleier ans rechte Auge drückt. Aus dem Winkel des anderen, offenen Auges schaut sie zur Seite, und der Betrachter selbst ist von ihrem flehentlichen Blick so getroffen, wie es der Maler von den Versen Homers war, als er dieses Bild der ‚rosigen Tochter des Brises' schuf. Er hat dem Seelenzustand der Geliebten Achills Anschauung verliehen, als dieser seinen Freund Patroklos bitten musste, Briseis gegen ihren und seinen Willen den Boten Agamemnons zu übergeben. Auch diese hatten sich nur ungern aufgemacht. Es ist das zentrale Thema des ältesten Epos der abendländischen Literaturgeschichte: der »Zorn« des Achilleus, wie das erste Wort der Ilias lautet.

Dem Maler gingen die Verse unter die Haut wie auch heute noch jedem, der die Ilias in die Hand nimmt und liest, wie Agamemnon zum Ausgleich für die ihm von Apollo abgeforderte geliebte Chryseis, welche die Griechen ihm als Ehrengeschenk zuerkannt hatten, von Achilleus dessen Ehrengeschenk Briseis fordert. Das Gemälde (Abb. 13) aus dem Haus des Tragischen Dichters, das, obwohl nur der obere Teil mit den drei Hauptfiguren gut erhalten ist, eine Vorstellung des wundervollen griechischen Urbildes vermitteln kann, ist nicht eine einfache Homer-Illustration, sondern es ist eine Einfühlung in die von HOMER Ilias I 326–348 geschilderte Szene, wie Patroklos den Herolden Agamemnons die unwillige Briseis zuführen muss.

Achilleus, sitzend, wirft unmutig den Kopf hoch und zur Seite. Er ist umgeben von seinen myrmidonischen Kriegern mit ihrem hohen Helmschmuck. Der jugendliche, athletische Körper Achills ist wie sein Gesicht, das Alexander dem Großen[143] ähnelt, von prächtiger Schönheit. Zu beachten ist, dass der Kopf

141 Aus Pompeji Regio VI 8,3,5, Casa del Poeta tragico, ausgegraben 1824, MANN Inv, 9105, L 1,22 x H 1,27 m, HELBIG (1868) Nr. 1309, HBr (1904-1931) 13f.; SCHEFOLD (1957) 104; PPM IV 539, HODSKE (2007) Taf. 98,1 Kat.224; BRAGANTINI (2009) 330f. Scheda 148 LUCIA ROCCO.

142 HOMER, Ilias I 348.

143 Besonders ähnlich ist der marmorne Porträtkopf Alexanders des Großen aus Alexandria aus der Zeit um 300 v. Chr. in Kopenhagen, Ny Carlsberg Glyptotek Inv. IN 547, zuletzt: von den HOFF, RALF, Alexanderporträts und Bildnisse frühhellenistischer Herrscher 48 Abb. 3 Kat. Nr 5 in: Alexander der Große und die Öff-

des sitzenden Achilleus etwa auf der gleichen Höhe ist wie der des stehenden Patroklos und auch desjenigen der Briseis noch weiter rechts von ihm. Das ist, wie schon beim Telephosbild des Apelles von Kolophon festgestellt[144], klassische Manier. Der griechische Begriff dafür heißt Isokephalie, gleiche Höhe, in der die Köpfe angeordnet sind, unabhängig davon, ob die dargestellten Figuren sitzen oder stehen. Achilleus thront vor seinem Zelt und wendet den Blick zu dem vom Rücken gesehenen Patroklos, der das weinende Mädchen rücksichtsvoll am Unterarm berührt, um es nach links zu geleiten.

Dort warten betreten neben Achilleus die beiden Herolde Talthybios und Eurybates. Diese Figuren sind nur schlecht erhalten, man sieht aber, dass der rechte zum Zeichen seiner Aufgabe einen Heroldstab trägt, das Kerykeion.

Achilleus, dessen Blicke tiefste Verärgerung ausdrücken, weist mit der ausgebreiteten Rechten zur Seite in die Richtung, die Briseis nehmen muss. In der Linken hält er die an seine Schulter gelehnte Lanze. Der lange Stab könnte aber auch das Zepter sein, das ihm als König der Myrmydonen zusteht und von dem er beim Zornausbruch gegenüber Agamemnon geschworen hatte, so wenig dieses wieder Blätter tragen werde, so wenig werde er noch einmal in den Kampf um Troja eingreifen. Dieser Zorn des Achilleus ist es, der die Griechen in schwerste Bedrängnis bringt, zum Tod seines Freundes Patroklos, zur Rache an Hektor und zur menschlichen Aussöhnung mit Priamos führen wird. Das sind die Ereignisse der neun in der Ilias beschriebenen Tage.

Der Maler lässt sie in einer Geste dieses Bildes anklingen. Hinter Achilleus steht, die Linke auf die Thronlehne legend, ein älterer Mann, der ernst vor sich hinblickt und den Zeigefinger zum Kinn führt, weil er sich fragt, wie alles enden wird. Es ist der Herold Achills, Phoinix, der im 9. Buch der Ilias versuchen soll, Achilleus zu versöhnen. Es ist vergeblich, und der Tod Achills, der in der Ilias nur vorausgeahnt wird, ist die letzte Konsequenz dessen, was in diesem Bild beginnt und vergegenwärtigt wird. Goethe glaubte, in seiner Achilleis von 1799 den letzten 24. Cantus der Ilias vom Tode Achills vollenden zu müssen. Doch wurde nur der 1. Gesang geschaffen, der uns unten noch im Kapitel 14. kurz beschäftigen wird[145].

---

nung der Welt. Asiens Kulturen im Wandel. Publikationen der Reiss-Engelhorn Museen Band 36, hg Svend Hansen; Alfred Wieczorek, Michael Tellenbach (Regensburg 2009).

144 Siehe oben S. 40f.

145 Siehe S. 95.

Das Gemälde (Abb. 13) zählt zu den besonders anziehenden aus Pompeji. Die Komposition des farblich reichen Gemäldes lenkt den Blick auf die Köpfe der Hauptfiguren. Der von vorn gesehene Achilleus, dessen Kopf nach klassischer Art, obwohl der Held sitzt, fast genauso hoch kommt wie der des Patroklos und derjenige der Briseis, verbindet durch die Bewegung seines rechten Armes und durch seinen zur anderen Seite gewendeten Blick die linke mit der rechten Bildhälfte. Der vom Rücken gesehene Patroklos schließt den Vordergrund ab, während Briseis auch den Betrachter in die Situation einbindet. Im Hintergrund verblassen die Formen und werden unbestimmt. Auch das entspricht spätklassischer Sehweise, wie sie etwa auch das Alexandermosaik zeigt, dessen Vorbild um 300 v. Chr. zu datieren ist[146]. In die gleiche Zeit wird man auch das Vorbild dieses Gemäldes datieren dürfen. Dafür sprechen ebenfalls die Behandlung von Licht und Schatten und die charakteristischen Glanzlichter z. B. auf dem Nasenrücken der Figuren oder auf der Rundung der Helme.

Bemerkenswert ist insbesondere, dass der Schild des Kriegers hinter Achilleus mit dem strahlenden Rund so um die dunklen Haare des Helden gemalt ist, dass er wie ein Nimbus wirkt und Achilleus als Protagonisten hervorhebt. Dieses Detail hat aber auch noch eine weiter führende Bedeutung. Der Nimbus steht gewöhnlich den Unsterblichen zu. Wenn er hier Achills Antlitz umgibt, dann scheint das darauf anzuspielen, dass ein schon bei Hesiod[147], Pindar[148], Euripides[149], Platon[150], und vielen anderen[151] vorausgesetzter Überlieferungsstrang berichtet, Achilleus lebte nach dem Tode ewig auf den Inseln der Seligen. Als Sohn der unsterblichen Göttin Thetis ist er selbst unsterblich. Durch die auffällige Form und Anordnung des Schildes hinter Achilleus wird der Betrach-

146 Andreae (2003, 2012²) 14-17, 62-77.

147 Werke und Tage 156.

148 Ol. II 77f.; Nem. IV 49.

149 Iphigenie Taur. 435f.; Andr. 1260.

150 Platon, Symposion 179 E, in der Rede des Phaidros über Eros: »Die Götter erwiesen Achilleus, dem Sohn der Thetis, die Ehre, dass sie ihn auf die Inseln der Seligen versetzten. Wofür? … Er zog es vor, als Rächer für seinen Liebhaber Patroklos (180 A) nicht nur den Tod auf sich zu nehmen, sondern auch noch dem Leichnam mit dem eigenen Tod zu folgen. Im Übermaß ihrer Bewunderung ehrten ihn die Götter wie keinen sonst – eben weil er seinem Liebhaber diesen Liebesdienst erwiesen hatte.« (Übersetzung Albert von Schirnding (München Beck 2012, 23).

151 RE 1 (1894) s. v. Achilleus 240f.

ter an das glückliche Ende der Geschichte erinnert, worüber auch der hinter Achill stehende Phoinix nachzudenken scheint.

Das neben dem umstrahlten Antlitz Achills besonders blasse, knochige Gesicht des Phoinix ist durch die dunklen Augenwinkel und die Glanzlichter auf der linken Hälfte kontrastreich gestaltet. Mit der Rundung des Hinterkopfes hebt es sich nur wenig ab von der dunkelgrauen Zeltbahn dahinter. Das dunkle Tuch lässt den Raum zwischen zwei Kriegern frei, deren Gesichter durch ihre messingfarbenen Schilde weitgehend verdeckt sind. Überhaupt geben die Hintergrundfiguren in dem nicht sehr tiefen Bildraum den Hauptfiguren vor ihnen Relief; auch dies ist charakteristisch für die spätklassische Malweise, die der römische Kopist gut getroffen hat.

Möglicherweise ist zur Betrachtung dieses Bildes auch die Lektüre des 3. Buches der Heroides aus dem Frühwerk des 43 v. Chr. geborenen Ovid anregend, in dem Briseis mit Tränenblut einen Brief voll Abschiedsschmerz an Achilles schreibt und ihn mit Herr, Gatte, Bruder anredet. Das mangelnde Glück der Liebe, welches ihr Antlitz zeigt, war auch dem römischen Dichter nicht fremd, den der kaum 80 Jahre jüngere Maler in Pompeji vielleicht kannte.

10. Dirke *(Abb. 14* [152]*)*

Die Schönheit der halbnackten Frau, welche unter die Kraft des steigenden Stieres geworfen ist, mit den Beinen am Boden schleift, gereckten Hauptes die Hände ausbreitet und die Arme verzweifelt nach oben streckt, ist berührend. Ihre beiden jungen, nur locker bekleideten Peiniger bestrafen sie erbarmungslos. Dieser brutale Vorgang zwischen drei Menschen und einer Tierfigur ist im Wandgemälde der linken, nördlichen Seitenwand der Südost-Exedra des Hauses der Vettii (Pompeji VI.15.1 (27)) in einer übersichtlichen, fast quadratischen Komposition gestaltet (Abb. 14).

Die auch von Euripides in seiner fragmentarisch erhaltenen Tragödie Antiope behandelte, gewalttätige Mythenepisode[153], in der die thebanische Königin

152 Pompeji Regio VI 15, 1.27, Casa die Vettii. in situ, ausgegraben 1894, L 1,02 m H 1,11m, oben fragmentiert, Schefold (1957) 144; PPM V 530f.; PPP II 314; Hodske (2007) 241 Taf. 153,3 Farbtafel 7,3.

153 Homer, Odyssee 11, 260-265, Euripides, Antiope Frgt. 223, 56; Properz, Elegiae 3, 15, 35-42; Anthologia Graeca 3, 7.

von ihren Stiefsöhnen Amphion und Zethos unter den springenden Dionysos-Stier geworfen wird, ist in der antiken Kunst, sowohl in der Rund- und Relief-Skulptur als auch in der Malerei und der Kleinkunst häufig behandelt worden. Die Bildlösungen sind einander erstaunlich ähnlich. Nur das Wandgemälde aus der Casa della Fontana, Regio VII 4, 56 MANN Inv. 9042[154] setzt sich in gewisser Hinsicht davon ab.

Das berühmteste Beispiel ist der sogenannte »Farnesische Stier«[155], der aus Rom mit vielen anderen Objekten der Sammlung Farnese in das Archäologische Museum von Neapel verbracht wurde und deshalb den bekannten Namen »Der Farnesische Stier«[156] trägt. An diese gewaltige Skulpturengruppe muss man sofort denken, wenn man das eindrucksvollste antike Gemälde dieses Themas betrachtet.

Gänzlich unabhängig voneinander können beide Darstellungen nicht sein, die Frage ist vor allem, ob die malerische Fassung von der skulpturalen abhängig ist oder umgekehrt diese, wie weitgehend auch immer, von jener.

Die Zeit der Ausarbeitung des »Farnesischen Stiers« ist sowohl in seiner erhaltenen Kopien-Form als auch in der Form des aus verschiedenen antiken Nachrichten bekannten Originals der Meister Apollonios und Tauriskos von Tralleis, der heutigen Stadt Aydin in der Westtürkei, gut bekannt. Der Südhof der Caracalla-Thermen zu Rom wurde an der Wende des 2. zum 3. Jahrhundert erbaut. Die Marmorgruppe des Farnesischen Stieres war an dieser Stelle aber schon um 50 n. Chr. in den Gärten des Kaisers Claudius (41–54) aufgestellt worden, die sich hier ausdehnten und später Platz für die große Thermenanlage boten. Die Gruppe war nach ihrer Ausarbeitung nicht mehr zu bewegen, wie der erfahrene Bildhauer Michelangelo bei ihrer Wiederentdeckung 1546 sofort feststellte. Die Thermenanlage muss also um die hier stehende Marmorguppe herum aufgebaut worden sein. Es war offenbar Kaiser Claudius selbst, der den Auftrag zur Anfertigung der Skulpturengruppe und zur Aufstellung in seinen Gartenanlagen im Südosten der Hauptstadt gegeben hatte.

Auch inhaltlich bezog Kaiser Claudius sich auf die Mythengeschichte von Dirke in der Tragödie Antiope des Euripides. Entscheidend ist in diesem Zu-

154 Helbig Nr. 1151; Schefold (1957) 185; PPM VII 52; PPP III 140; Hodske Taf. 153, 1.2 Kat. 488.

155 Andreae (1995); Andreae (2001) 160-163 Taf. 135-137.

156 MANN Inv. 6002.

sammenhang, dass der Großvater des Claudius mütterlicherseits, der Triumvir Marcus Antonius das Hellenistische Original der Dirke-Gruppe aus Rhodos im Jahr 40 v. Chr. hatte nach Rom bringen lassen und dass er an diesen Vorgang in einem Relief auf der Brust der ihm gewidmeten Panzerstatue im Apollo-Heiligtum der Kykladen-Insel Naxos erinnern ließ. Die Statue hatte Augustus später mit seinem Porträt ausstatten lassen; im Nacken erkennt man aber noch die charakteristische Antonius-Frisur.

Man muss also – kurz zusammengefasst – eine durch das Panzerrelief von Naxos und die römische Kopie in Neapel bekannte Gruppe auf der einen Seite mit dem pompejanischen Gemälde auf der anderen vergleichen. Eine wichtige Rolle spielt dabei noch das Zeugnis einer Gemme in Neapel MANN Inv. 25879, um zu verstehen, dass Dirke von Zethos am Haarschopf gepackt und niedergeworfen wird. Das alles habe ich in einer kleinen Monographie über den Farnesischen Stier (Freiburg 1996) und in »Skulptur des Hellenismus« (München 2001) 160-163 ausgeführt und brauche es hier nur so weit zu wiederholen, als es für das Verständnis des pompeijanischen Gemäldes notwendig ist.

Ich zitiere hier die Beschreibung[157] der skulpturalen Fassung und stelle im Anschluss daran die Frage, worin diese sich von der malerischen unterscheidet.

> »Die große Skulpturengruppe hält einen einzigen Augenblick aus dem vor dem Betrachter entwickelten tragischen Geschehen fest. Der von den beiden Brüdern mit kraftvollen Armen zur Hinrichtung Dirkes gezwungene Stier, der Dionysos verkörpert und mit rollenden Augen nur dem übergeordneten Willen des Zeus folgen muss, hat im Sprung den Kulminationspunkt erreicht. Im nächsten Bruchteil einer Sekunde muss die Bewegung umbrechen, und das Tonnengewicht des Tieres stürzt auf die unter seine Klauen geworfene Frau, die seine Verehrerin war. Noch ist das Gesamtbild, das sich dem Betrachter bietet, von großartiger, wenn auch gewalttätiger Schönheit. Im nächsten Moment ist der üppige Leib der schönen Frau, die in einer erotisch wirkenden Pose mit ausgebreiteten Beinen und nach oben zugreifenden Armen an den Haaren nach hinten gerissen wird, zu einem blutigen Klumpen zertrampelt und wird von dem wütenden Stier davon geschleift. Die gespannten Körper der Jünglinge springen zur Seite, das ganze pyramidale Bild stürzt in sich zusammen. Der Lauf der Tragödie ist nicht aufzuhalten«.

Die Frage nach der Unterscheidung der malerischen Fassung von der zunächst beschriebenen plastischen wird am besten durch die Betrachtung jeder einzel-

157 Andreae (2001)163.

nen Figur beantwortet. Der linke Jüngling, den wir – als den aktiveren – Zethos nennen, ist in einer Drehung seines Leibes in der Hüfte begriffen. Dementsprechend ist der linke Oberschenkel zur Hälfte vom Unterkörper überschnitten. Auch die gemalte Figur hat nur eine Chlamys übergeworfen und greift wie die plastische mit der hoch gestreckten Rechten die um das linke Horn gewundene Fessel des Stieres, sodass er ihm den Kopf zur anderen Seite und nach unten ziehen kann. Das linke Bein hat der junge Mann gebeugt und nach vorn auf einen im Wege liegenden Steinklotz gestellt. Das ganz leicht gebeugte rechte Bein steht auf der geknickten, vorn aufgestellten Fußspitze und balanciert das Gewicht des senkrecht gehobenen Oberkörpers aus. Mit der Linken hat er Dirke am Unterarm erfasst. Dirke ist von vorn gesehen, so dass man ihre Schönheit und die ihres üppigen Körpers besonders gut erkennen kann. Gut sichtbar ist das um ihren ganzen Körper geschlungene Seil, mit dem sie an den Stier gebunden ist. Dieser wird sie mit sich fortreißen und auf den mythischen Gipfel des Kytheron schleifen. Hier bringt Dionysos seine Anhänger zum Schwärmen und weinbeschwingte Feste zu feiern, gegen die sich auch der thebanische König Pentheus wendet. Dessen Tod als männliche Gegenfigur zu Dirke ist im zentralen Gemälde der gegenüberliegenden rechten Wand der Exedra im Haus der Vettier dargestellt (Abb. 15). Die beiden Gemälde sind deshalb nicht gänzlich unabhängig voneinander zu betrachten.

Zunächst sei aber die Beurteilung des Dirke-Gemäldes (Abb. 14) abgeschlossen. Die Art und Weise, wie die gemalte Figur des Zethos gegenüber der plastischen abgewandelt ist, findet sich auch bei der Gestalt des Amphion auf der anderen Seite des Stieres. Er setzt nicht das rechte Bein vor, sondern schreitet nach links aus, so dass er seinen ganzen Körper von vorn zeigt. In der plastischen Gruppe umgreift er mit den Armen den Kopf des Stieres, dreht diesen gewaltsam und zwingt den Gott in Gestalt eines springenden Stieres, sein Opfer zu betrachten. Das alles sind Elemente, die in einer plastischen Gruppe räumlich erfahrbar werden, in einem Gemälde aber erstarrt wirken müssten. Hier ist die Bewegung der stürzenden Frau in Richtung auf den Betrachter zu weit lebendiger. Tatsächlich sind alle Elemente der malerischen Fassung der Flächenkunst besser angepasst als die Elemente der plastischen Gruppe. Das spricht für die Annahme, dass die malerische Fassung unabhängig von der plastischen ist, die ihrerseits die gemalte ohne weiteres voraussetzen kann. Im Gemälde sieht man die Gesichter entweder im Profil, in Dreiviertelansicht oder frontal. Vor der plastischen Gruppe muss man sich leicht hin und her bewegen, um die Köpfe vom Antlitz her zu erfassen.

Wir kommen also zu dem Schluss, dass die gemalte Komposition früher ausgeführt wurde als die plastische, nämlich wohl noch in der späten Klassik des ausgehenden 4. oder frühen 3. Jahrhunderts. Wir können nur wiederholen: Diese Stilepoche war den Römern bei der Auswahl griechischer Gemälde für Verwandlungen und Adaptionen die liebste.

Wichtig für die künstlerische Gestaltung des Gemäldes sind die Farb- und Faltengebung der Gewänder. Die Chlamys des Zethos, die seinen Körper fast ganz frei lässt, zeigt auf der Außenseite ein dunkles Rot während sie auf der Innenseite, die offenbar durchschimmernde Farbe in ein Violett verwandelt, das an den Kanten der wirbelnden Falten weiß aufgehöht ist. Bei Amphion, dem die Chlamys nur die rechte Schulter frei lässt, ist der Stoff außen dunkel violett und innen heller in bläulichen Tönen gegeben. Hellblau ist das Gewand, das Dirke vom Oberkörper herabgeglitten ist und nur ihre Beine umhüllt. Die Felsenlandschaft, die den Hintergrund bildet, ist in verschiedenen Grau- und Blautönen gemischt. Alle Farben sind denjenigen im Pentheus-Gemälde der gegenüberliegenden Wand sehr ähnlich. Die Frage, ob das schon bei den griechischen Vorbildern so war, kann man höchstens mit der Gegenfrage beantworten, warum der Maler im Haus der Vettier zwar die Figurenkomposition des Originals übernommen haben sollte, nicht aber auch die Farbgebung. Da es hierfür keinen naheliegenden Grund gibt, dürfen wir abschließend sagen, dass diese beiden Bilder ausgesprochen gute Kopien sind.

11. Pentheus *(Abb. 15*[158]*)*

Unter allen Bildern im Haus der Vettier prägt sich wohl das, in dem Pentheus von seiner eigenen Mutter Agaue und ihren rasenden Schwestern Ino und Autonoe niedergedrückt und zerrissen wird[159], am stärksten ein. So erbarmens-

---

158 Pompeji Regio VI 15, 1.27, Casa dei Vettii, ausgegraben 1894, L 1,00 m H 1,05 m, Schefold (1957) 144; PPM V 129; PPP II 314; Hodske (2007) 261 Taf. 129,1 Kat. 356.

159 Hyginus, Fabulae CLXXXIV: »*Pentheus Echionis et Agaues filius Liberum negavit deum esse nec mysteria eius accipere voluit. ob hoc eum Agaue mater cum sororibus Ino et Autonoe per insaniam a Libero obiectam membratim laniavit. Agaue ut suae*

würdig ist die grausame Strafe für das Verbot des Dionysos-Kultes in seiner Königsstadt Theben, so flehentlich sein Gesichtsausdruck. Seine ausgestreckte Hand wirkt wie ein Schrei, der niedergedrückte Körper des athletischen reifen Mannes, den die verblendeten Mänaden für einen Berglöwen oder Eber halten, zeigt seine ganze menschliche Schönheit in einem Augenblick der Verzweiflung. Das Inkarnat setzt sich vom dunkelroten, kurzen Mantel ab, der ihm über den Rücken weht. Farblich am stärksten in Erinnerung bleibt das rauschende hellblaue Gewand des wilden Weibes links, das den niedergeworfenen Pentheus am Schopf packt, mit dem Thyrsosstab zum Schlag ausholt und dem unglücklichen Neffen aufs Knie des gestreckten Beines tritt. Er will nach der Hand greifen, die sich ihm ins Haar wühlt. Doch die andere Schwester im dunkleren Kleid reißt ihm mit beiden Händen zupackend den gebeugten Arm mit aller Kraft weg. Die Mutter mit entblößter Brust, die den Sohn ernährt hatte, hebt mit beiden Armen einen Stein und schleudert diesen von hinten auf den Verlorenen.

Das Bild nimmt den auch von Euripides in seiner letzten Tragödie, den erst 405, im Jahr nach seinem Tode uraufgeführten Bakchai besungenen Mythos beim Wort. Da bei Euripides auch die für den Bildaufbau ungemein wichtigen Lyssai, die beiden Wahnsinnsgöttinen, welche die Frauen anstacheln, begegnen, muss dem Bild keine andere, nicht mehr bekannte literarische Quelle zugrunde liegen.

Auch die etwa siebzig Jahre vor der Anfertigung des pompejanischen Gemäldes verfassten Verse des römischen Dichters Ovid aus Sulmona (43 v. Chr.–17/18 n. Chr.) aus den Metamorphosen III 721f., die den antiken Betrachtern des Bildes möglicherweise bekannt waren, sind wohl nicht das literarische Vorbild, auch wenn man sie als Beschreibung des Bildes heranziehen könnte. Zu lesen ist dort über Autonoe und ihre rasenden Schwestern: »des Flehenden

mentis compos facta est et viditse Liberi impulsu tantum scelus admisisse, profugit ab Thebis; quae errabunda in Illyriae fines devenit ad Lycothersen regem, quam Lycotherses excepit.«
Zu Deutsch: »Pentheus, der Sohn des Echion und der Agaue leugnete, daß Liber ein Gott sei und wollte seine Mysterien nicht zulassen. Deshalb riss ihn seine Mutter Agaue zusammen mit ihren Schwestern Ino und Autonoe aufgrund des Wahns, den Liber ihr eingegeben hatte, in Stücke. Sobald Agaue wieder zur Besinnung gekommen war und sah, dass sie durch Einwirkung des Liber so ein Verbrechen begangen hatte, floh sie aus Theben; auf ihrer Irrfahrt kam sie nach Illyrien zu König Lykotherses, und Lykotherses nahm sie bei sich auf.«

Rechte/reißt sie ihm ab, und Inos Griff beraubt ihn der Linken/... Agaue sah es – und jauchzte/warf in den Nacken den Kopf, ließ wehen die Haar durch die Lüfte/«.

Im Übrigen wird im Prolog des Dionysos in den Bakchai des Euripides und im Botenbericht vor dem fünften Akt auch der im Wandbild gegenüber auf der Nordwand des Vettierhauses gestaltete Mythos von Dirke unter dem Dionysosstier behandelt, allerdings ohne dass man diese Verse als die im Bild (Abb. 14) gestalteten ansehen könnte.

Beim Pentheus-Bild (Abb. 15), das im Zusammenhang mit dem Dirke-Bild (Abb. 14) zu betrachten ist, gibt es eine vergleichbare plastische Fassung wie den oben S. 78 herangezogenen Farnesischen Stier nicht. Die Figuren, hier sind es sechs, hängen aber auch nicht in Ihren Bewegungen zusammen, sondern nur die drei vorderen sind mit einander verbunden; die drei hinteren, perspektivisch zurückgeschoben und nur mit dem Oberkörper sichtbar, sind von den vorderen deutlich getrennt. Das Ganze ebenfalls in eine fast quadratische Form gefügte Bild ist räumlich mehr in die Tiefe geführt, nicht völlig von den Figuren ausgefüllt. Die Komposition erscheint gegenüber dem Dirke-Bild weiterentwickelt, was für eine spätere, schon frühhellenistische Entstehungszeit des Vorbildes spricht.

Die Komposition wirkt gleichwohl einheitlich, nicht aus verschiedenen Vorbildern zusammengesetzt. Sie muss besonders deshalb weiter fortgeschritten sein als die spätklassische, weil die Größe der Figuren durch den gewählten tieferen Bildraum bedingt ist und nicht – wie im Telephosbild (Abb. 6) – aus Gründen einer im klassischen Sinn ausgewogenen Komposition. Im hellenistischen Sinn sehr weit vorangekommen ist diese aber auch nicht. Man wird sie vielleicht noch vor den Zeitpunkt datieren können, in dem nach Plinius, Naturalis Historia 34, 52 die Kunst zu existieren aufhörte, also vor 292. Die Farbgebung der Gewänder ist besonders ähnlich derjenigen im Dirke-Gemälde der gegenüberliegenden Wand. Auch das spricht dafür, dass das Vorbild noch der Generation angehört, in der auch das Dirke-Gemälde entstand, wenn dieses auch an den Anfang und jenes an das Ende dieser Generation, etwa in die neunziger Jahre des 3. Jahrhunderts zu datieren sein dürfte.

12. Amphitryon und der schlangenwürgende Herakliskos

(Abb. 16[160] und 17[161])

Als Heinrich von Kleist seine nach Molière gestaltete Tragikomodie Amphitryon im Jahr 1803 schrieb und 1807 publizierte, war das Haus der Vettier in Pompeji noch nicht ausgegraben und die wohl berühmteste bildliche Fassung des Mythos vom Kind der Alkmene noch nicht bekannt (Abb. 16). Sie wurde erst 1894 im Raum VI 15,1.27 entdeckt. Bekannt war aber schon eine andere Verwandlung des gleichen griechischen Vorbildes in Herculanum. Sie wurde schon im 18. Jahrhundert aus der Wand eines unbekannten Raumes in Herculanum herausgeschnitten und wird im MANN Inv. 9012 aufbewahrt (Abb. 17).

Wir wissen nicht, ob Kleist, dieses Bild kannte. Es könnte als Illustration der Antwort Jupiters auf den im elften Auftritt des dritten Aktes der gegen Ende des Lustspiels geäußerten Wunsch von Amphitryon dienen, er möge ihm einen Sohn groß wie ein Dioskur schenken. Jupiter sagt: »Es sei. Dir wird ein Sohn geboren werden,/Dess' Name Herkules; es wird an Ruhm/Kein Heros sich, der Vorwelt, mit ihm messen,/auch meine ewgen Dioskuren nicht/«.

Da Molière auf die berühmte Komödie *Amphitruo*[162] von Plautus (254 –184) zurückgreift, die ihrerseits wahrscheinlich auf Menanders (342/341–291/290) nicht erhaltene Komödie *Apistos* zurückgeht, wurde Kleist letztlich von einem griechischen dramatischen Gedicht angeregt, das etwa aus der gleichen Zeit stammt, in die man die Schöpfung des griechischen Urbildes der Gemälde (Abb. 16 und 17) datieren muss. In der Dichtung ist es ähnlich wie in der bildenden Kunst. Große Schöpfungen sind unsterblich, weil sie tradiert und immer wieder adaptiert werden. Kleist hatte, soweit wir wissen, kein unmittelbares Interesse an pompejanischen Bildern wie Goethe, aber für das Interesse

160 Pompeji Regio VI 15, 1.27, Casa dei Vettii, ausgegraben 1894, L 1,02 m H 1,03 m, Schefold (1957) 144; PPM V 526; PPP II 313; Hodske (2007) 177 Taf. 60,1 Kat. 357; nach Lauter-Bufe (1967) 47 ff. eine Kopie nach Zeuxis? Siehe Plinius 35, 63: Prächtig ist auch sein (des Zeuxis) Herakles, wie er als kleines Kind vor seiner erschrockenen Mutter Alkmene und vor Amphitryon zwei Schlangen würgt. Lateinisch: *Magnificus est et Hercules infans dracones II strangulans Alcmena matre coram pavente et Amphitryone.*

161 Helbig (1868) Nr. 1123; Collezioni Museo (1986) 148-149 Nr. 183; Nava (2007) 110 Marinella Lista.

162 T. Maccius Plautus, Amphitruo, Lateinisch/Deutsch. Übersetzt und hg von Jürgen Blänsdorf (Philipp Reclam jun. Stuttgart 1979).

der Zeit an diesen Gemälden ist KLEISTS Eingehen auf die klassische Antike mitbestimmend.

Was die Bilder im Vettierhause angeht, unter denen an der Ostwand auch der Mythos von Amphitryon (Abb. 16) verewigt wurde, so unterscheidet dieses Bild von denjenigen der einmaligen Fassungen auf der Nord- und Südwand Abb. 14 und 15, dass zwei in Hauptzügen ähnliche, im Einzelnen sehr verschiedene Versionen des Amphitryon-Bildes überliefert sind (Abb. 16 und 17). Dies erschwert das Urteil, welche das vorauszusetzende Original genauer wiedergibt.

Beide stellen die erste der mythischen Taten von Herakles dar. Er vollbrachte sie als ganz kleines Kind noch vor dem eigentlichen Dodekathlos, über den KLEIST (Akt 3, 11. Auftritt) sagt: »Zwölf ungeheure Werke wälzt er türmend/ ein unvergänglich Denkmal sich zusammen/«.

Zuvor hatte Herakles schon als Baby seine übernatürliche Kraft gezeigt, als er, unter den Augen Amphtryons die von der eifersüchtigen Hera gesandten Schlangen mit bloßen Händchen erwürgt. PLAUTUS, Amphitruo 1116 sagt es in einem Vers: *alterum altera prehendit eos manu perniciter*, zu Deutsch »die eine mit der einen, die andere mit der anderen Hand packt er sie schnell«.

Im Bild aus Herculanum (Abb. 17) kniet er mit schräg nach rechts gesenktem Oberkörper auf dem linken Bein, streckt das rechte und fasst die am Boden kriechenden Schlangen mit den nach unten gehaltenen Händen. Im Vettier-Bild (Abb. 16) sinkt er mit aufrechtem Oberkörper aufs rechte Knie und hat die ihm Arm und Bein umringelnden Schlangen mit den ebenfalls gesenkten Händen gepackt. Man weiß nicht, welcher der beiden Fassungen man den Vorzug geben sollte. Für beide Versionen gibt es überzeugende Gründe. Die eine (Abb. 16) spricht den Betrachter stärker an, die andere (Abb. 17) zeigt die Schlangen als Kriechtiere. Kaum anders ist es mit der Gestalt Amphitryons. Im Bild aus Herculanum (Abb. 17) sitzt er auf einem weißen, wohl elfenbeinernen Thron und greift zum Schwert an seiner linken Hüfte.

Im Vettier-Bild (Abb, 16) ist er insgesamt königlicher dargestellt mit dem Fußschemel vor dem Thron, mit dem purpurnen, auf der Innenseite hellblau gefütterten Mantel, den er um seine linke Schulter und den Arm sowie dergestalt um den Unterkörper geschlungen hat, dass er das Gemächt frei lässt. Das insbesondere ist nicht ohne Ironie, weil er damit zwar Iphikles gezeugt hat, während der Vater von Herakles Jupiter ist, was Alkmene am berühmten Schluss von KLEISTS Amphitryon das »Ach!« entlockt. Amphitryon, – sein Name bedeutet bekanntermaßen: »der doppelt Geplagte« –, hält in der Linken das königliche Zepter und legt, in dem häufig wiedergegebenen Fragegestus den Zeigefinger der Rechten ans Kinn, als ob ihm eine Ahnung käme, dass dieses Kind anderer Natur ist als dessen Zwilling Iphikles. Das kommt in der Tragikomödie des PLAUTUS, die den Malern im Vettierhaus und in Herculanum möglicherweise bekannt war, treffend heraus. Hier berichtet die Amme Bromia in den Versen 1119-24[163]: »Der Bub tötet beide Schlangen/Als sich dies ereignete, rief es laut Deinen Namen – /«, worauf Amphitryon fragt: »Welcher Mensch?«, und Bromia fortfährt: »Der höchste Herrscher der Götter und Menschen Juppiter!/ Er sagte, heimlich habe er mit Alkmene des Beilagers gepflogen;/Jener sei sein Sohn, der hier die Schlangen überwand,/der andere Knabe, sagte er, sei deiner.«

Dieser »andere« Zwillingssohn von Amphitryon und Alkmene mit Namen Iphikles sitzt im Herculanum-Bild (Abb. 17) auf den Armen seiner resoluten Amme Bromia. Das Kleinkind ist selbst vom Rücken gesehen, schaut aber mit nach rechts gewandten Kopf hinab zu seinem starken Brüderchen, dem kleinen schlangentötenden Herakles. Die Amme mit dem Kind steht links, während Alkmene in der Mitte mit wehenden Gewändern herbeieilt, um das zu ihren Füßen mit den Schlangen kämpfende Söhnchen Herakles zu retten. Das ist sicher überzeugender als die Flucht Alkmenes im Vettier-Bild (Abb. 16).

Hier sieht man sie mit nach rechts ausgestreckten Armen davoneilen hinter dem aufgeregt vom Thron herab rutschenden Amphitryon, der ihren Unterkörper verdeckt. Das ergibt keinen Sinn, und auch die männliche Gestalt, die hier an die Stelle der Amme gesetzt ist, sowie das Fehlen von Iphikles kann man für das Vorbild schwerlich in Anspruch nehmen. In den Grundzügen gibt das auch wohl etwas frühere Herculanum-Bild (Abb. 17) das Original also genauer wieder, aber manche Einzelheiten könnte das Vettier-Bild (Abb. 16) gerettet haben. Besonders schön sind Alkmenes großäugiges Gesicht und die erhabene Gestalt Amphitryons, der bei PLAUTUS Vers 1124 – 1125 sagt: »Das tut mir dann nicht leid,/wenn es mir vergönnt ist, zur Hälfte das Schöne mit Juppiter zu teilen«[164]. Schließlich »bringt Herakles durch seine Taten ihm einst den un-

163 Lateinisch: *BROM. Puer ambo angues enicat./dum haec aguntur, voce clara exclamat uxorem tuam-/AMPH. Quis homo? BROM. Summus imperator divom atque hominum Juppiter./is se dixit cum Alcumena clam consuetum cubitibus,/eumque filium suom esse qui illos angues vicerit;/alterum tuom esse dixit puerum.*

164 Lateinisch: *AMPH. Pol me haud paenitet./ si licet boni dimidium mihi dividere cum Jove.*

sterblichen Ruhm«[165], wie Juppiter ihm bei Plautus Vers 1140 verkündet, und das ist gewiss auch der Anlass für die Bürger von Pompeji und insbesondere Herculanum, welches seinen Namen von Hercules ableitet, sich dieses Bild auf eine der Wände ihrer Häuser malen zu lassen. Für die griechische Malerei geben beide Bilder des vermutlich gleichen Vorbildes aber doch weniger her als andere. Ihr besonderes Interesse beruht in der Veranschaulichung des Mythos, einem ungemein beliebten, in mehr als in fünfzig Fassungen behandelten Stoff der Weltliteratur[166].

13. Artemon: Herakles und Deianeira, das Nessoshemd

(Abb. 18[167] *und 19*[168]*)*

Der Kentaur auf dem Wandbild (Abb. 19) erschien so großartig, dass man das Haus, in dem er an die Nordwand des größten Raumes 26 gemalt war, nach diesem Bild »La casa del centauro« nannte, das Haus des Kentauren. Zur Rettung wurde auch dieses Gemälde aus der Wand herausgeschnitten und ins Königlich Burbonische Museum nach Portici am Hang des Vesuvs verbracht. Hier hat, da es noch keine Fotografien gab, der Zeichner Giuseppe Marsigli am 28. Mai 1830 eine sehr genaue, jetzt archivierte Bleistift-Zeichnung des Bildes angefertigt[169]. Es ist eine der seltenen Zeichnungen mythologischer Szenen aus der Zeit der Burbonen. Das allein zeigt schon die Beachtung, die das Bild sofort fand. Denn die meisten Zeichnungen des 19. Jahrhunderts schwelgen in schwebenden, geschwungenen Akten der Liebesgöttin und süßer Mädchen. Obwohl das jetzt im Archäologischen Nationalmuseum in Neapel ausgestellte Bild zu

165 Lateinisch: *JUPP. suis factis te immortali adficiet gloria.*

166 Brinkmann, Karl, Erläuterungen zu »Amphitryon«. Plautus, Molière, Dryden, Kleist, Giraudoux, Kaiser. Königs Erläuterungen zu den Klassikern. Stoffe der Weltliteratur, Bd. 18. (Hollfeld 1967, 1990^2).

167 Pompeji Regio IX Ins. 5, 18 Cubicolo (g) Nordwand, Casa di Giasone, ausgegraben 1878, L 0,95 m H 1,25 m, MANN Inv. 111474, Sogliano Nr. 502; Schefold (1957) 264; PPM IX 700-701 Abb. 41; PPP III 488; Hodske (2007) 157 Taf. 57,1 Kat. 744.

168 Pompeji Regio VI 9,3, Tablino (26), Casa del Centauro, ausgegraben 1827, L 1,15 m H 1,52 m, MANN Inv. 9001, Helbig (1868) Nr. 1146; Schefold (1957) 115; PPM IV 857; Hodske (2007) 175 Taf. 57, 3.4 Kat. 280; Bragantini (2009) 227 Scheda 86 Fiorenza Grasso.

169 Hodske (2007) Taf. 57 Abb. 4.

den bekanntesten antiken Gemälden gehört, hat es bis heute noch keine überzeugende kunstgeschichtliche Deutung erfahren.

Von dem gleichen Sujet gibt es vier weitere Fassungen, von denen drei[170], wenn auch unterschiedlich in der Qualität, so doch sehr ähnlich in der Komposition, sind wie Abb. 19. Die vierte[171] ist die am wenigsten schlüssige Fassung, weil Herakles Nessos am Schopf ergreift und ihm den Kopf herunterdrückt, als wolle er den Kentaur vor der Tat schon bestrafen. Auch die Geste von Nessos ist unverständlich, denn sie wirkt so, als ob er um Gnade bäte. Die einzelnen Fassungen werden im folgenden Text noch genauer bewertet.

Der Maler des Bildes aus der Casa del Centauro (Abb. 19) wusste, was er sollte; nicht aber sein Zunftgenosse, der das gleiche griechische Gemälde zum Vorbild für ein Bild in der Casa di Giasone (Abb. 18) nahm und durch einen verfehlten Kunstgriff zu verbessern trachtete. Vielleicht wollte dieser Maler auf irgendeine Weise alles, was im Mythos vorkommt, zur Anschauung bringen. Der Kentaur bietet unterwürfig, mit ausgebreiteten Armen, an, Deianeira durch die Furt zu tragen. Zugleich sieht man, wie Herakles ihn frontal, mit hartem Griff, niederdrückt und bestraft. Doch damit störte der Maler das Verhältnis zum Zeitablauf. Ein Bild kann nur einen einzigen zeitlichen Moment wiedergeben. Es kommt auf die Entwicklungsfähigkeit des gewählten Augenblicks im Bilde an. Dies wusste der Maler im Haus des Kentauren (Abb. 19). Nur er hatte es verstanden. Seine Fassung gibt das griechische Gemälde, das allen in Pompeji entdeckten fünf Verwandlungen[172] zugrunde liegt, sicher am genauesten wieder. Dies ist auch deshalb wahrscheinlich, weil auch die erwähnten drei weiteren

---

170 1. Pompeji Regio IX Ins. 2, 16 Casa di T. Dentatius Panthera Triclinio (e) Westwand, ausgegraben 1867, L 0,99 m H 1,14 m, zerstört, Sogliano Nr. 501; Herrmann Bruckmann I Abb. 59; PPM IX S. 26 Abb. 47 auf S. 28; PPP III 415, Hodske (2007) 176 Taf. 58,3 Kat. 661.
2. Pompeji Regio I 7,19 Casa di P. Cornelius Tages, ausgegraben 1912, L 1,14 m H 1,54 m, am Ort, weitgehend zerstört, Schefold (1957) 36, PPM I 177; PPP I 75, Hodske (2007) 176, Taf. 57,2 Kat. 45.
3. Pompeji Regio VIII 5, 15. 16.38, Namenloses Gebäude, ausgegraben 1882, am Ort, L 1,00 m H 1,60 m, Schefold (1957) 227; PPP III 349; PPM VIII 574f.; Hodske (2007) 176 Taf. 58, 1.2 Kat. 618.

171 Siehe Anm. 160.

172 Siehe Anm. 167, 168, 169, 170, 1. und 2.

Fassungen[173] als Repliken gelten können, wenn sie auch nicht so sorgfältig gemalt sind.

In Abb. 19 hatte der Pferdemensch sich vor Herakles niedergebeugt. Das hündische Sich-Niederwerfen, die von den Griechen verächtlich so genannte Proskynese, in der das Wort *kyneos*, das heißt hündisch steckt, war die Verehrungsform für den persischen Großkönig, die Alexander der Große 327 v. Chr. – zum Entsetzen seiner Gefährten – auch für sich verlangte[174]. Sie fürchteten, sich ihrem Feldherr kriechend nähern zu müssen. Vielleicht ist damit für das sicher bedeutende klassische Vorbild, das, wie gesagt, im 1. Jahrhundert unserer Zeitrechnung nicht weniger als fünf Mal in Pompeji nachgebildet wurde, ein originales Entstehungsdatum gegen Ende des 4. Jahrhunderts gegeben, als die Forderung Alexanders noch im allgemeinen Bewusstsein war.

Im klassischen Werk (Abb. 19) ist die Tat, die der Maler kannte, in der ovalen Aura zu erahnen, welche die ausgebreiteten Arme des in die Knie gesunkenen Monstrums andeuten. Das Oval vollenden der Schleier der vor dem Laubbaum auf dem Wagen stehenden, schönen Frau, der Rücken des Jungen auf dem Arm des Herakles und dessen vom Unterarm herabhängendes Löwenfell. Die Tatze schwingt zur rechten Hand des Kentauren zurück. Die Köpfe der vier von diesem Oval umfangenen Personen im Zentrum des Bildes drücken durch ihre Wendungen das Zwiegespräch aus, das der Betrachter des für sich genommen stummen Bildes in Gedanken verfolgen soll. »Lautlos«, so drückt der Dichter der ins Bild gesetzten Tragödie[175], es aus: »Lautlos offenbart die geschäftige Aphrodite sich als Anstifterin dieser Dinge«.

Der Junge, der seinem Vater die Hand auf den Rücken legt, aber offenbar nicht versteht, worum es geht, schaut aus dem Bild heraus zum Betrachter, der sich auf solche Weise in die Komposition einbezogen fühlt. Man fragt, warum der kraftvolle Herakles innehält und wie gebannt zu dem niedergesunkenen Kentauren hinunterschaut, der ihm mit den weit ausgebreiteten Armen die Tiefe der Furt im Euainos-Fluss andeutet. Es gibt keine Brücke. Der Kentaur ist bereit, die Frau auf seinem Rücken durch die Fluten des geschwollenen Flusses

---

173 Am leichtesten zugänglich bei Hodske (2007) Taf. 57f., s. o. Anm. 170, 1.: weitestgehend ähnlich wie Abb. 19, aber ziemlich zerstört; 2.: Hodske (2007) Taf. 57,2; 3. Hodske (2007) Taf. 58,1.2.

174 Barceló, Pedro, Alexander der Große (Darmstadt 2007) 189-192; Demandt, Alexander, Alexander der Große, Leben und Legende (München 2009) 230-232.

175 Die Frauen von Trachis Vers 860–861. Flashar (2000), 81-99.

zu tragen. Er hatte ihre Schönheit sofort wahrgenommen. Seine ausgebreiteten Arme könnten sie vergewaltigend umgreifen.

Die gespannten Züge des Herakles mit seinem Stiernacken drücken einen Verdacht aus, der ihm selbst nicht klar zu sein scheint. Doch der Mythenkenner weiß, dass in der Entscheidung, die der Held nun treffen muss, der tragische Ausgang beschlossen ist. Das Pfeil-Gift, mit dem Herakles nach der Tötung der neunköpfigen Schlange Hydra seine unfehlbaren Geschosse bestrichen hatte, sollte in schicksalhafter Weise zu ihm zurückkehren und seinen Körper verbrennen. Herakles kann sich das nicht vorstellen. Auch das musste der Maler ausdrücken. Die herrische Haltung des Kraftmenschen, der dem Betrachter den muskulösen Rücken zukehrt und den linken Fuß unruhig auf die Spitze stellt, den Kopf ins Profil wendet, sich nicht auf einen Stock, sondern auf seine Keule stützt und statt eines Mantels ein Löwenfell trägt, zeigen, mit wem man es zu tun hat. Herakles stimmt dem Vorschlag des Rossmenschen zu. Dessen großer, bärtiger Kopf mit den Pferdeohren und der gebogenen Nase, hat etwas Unterwürfiges und zugleich Brutales, Lauerndes. Er wird sich an der Frau vergreifen, und Herakles wird ihn erschießen.

Die Frau auf dem Wagen, vor den zwei Rösser gespannt sind, die ihre Köpfe hin- und herwerfen und den Schweif wedeln, wirkt verloren. Die Tiere werden im feinen Dunst, in dem der Hintergrund verfließt, immer weniger kräftig gemalt. Das ist eine Eigenart der Zeit, in der das griechische Gemälde kopiert wurde. Das Gespann lenkt so nicht von den vier Figuren im Vordergrund ab. Ob das auch im Vorbild so ähnlich war, ist nicht leicht zu sagen. Doch es kehrt in den drei anderen Repliken genau so wieder. Im Alexandermosaik aus Pompeji, das ein griechisches Vorbild der gleichen Zeit um 300 v. Chr. sehr exakt wiedergibt[176], verblassen die Figuren im Hintergrund auch. Die perspektivische Verkürzung der Pferde erinnert an die Darstellung der in den Grund hinein sprengenden Rösser im großen Gemälde der Jagddarstellung an der Fassade des Grabes von Philipp II. (382–336) von Makedonien in Vergina[177].

Auf jeden Fall wird die Aufmerksamkeit des Betrachters ganz auf die Zwiesprache im Vordergrund gelenkt. Die Frau im violetten Gewand, mit dunklen Haaren und weißem Schleier ragt in die Höhe, könnte die Komposition beherrschen, doch man weiß nicht, wohin sie blickt, während sie das Knäblein mit

176 Andreae (2003, 2012²) 62-77.

177 Siehe unten S. 116.

seinen nach rechts gestreckten Beinchen dem Vater auf den Arm legt. Warum schaut sie nicht zu Hyllos nach unten, sondern sucht etwas in der Ferne? Ahnt sie, dass ihr Glück gefährdet ist? Ein bedeutender Archäologe, REINHARD HERBIG, hat zu der Szene gesagt: »Alles atmet künftiges Unheil«[178].

Der typische, zweiräderige Streitwagen, mit dem die homerischen Götter und Helden in die Schlacht fuhren, den jedoch die klassischen Griechen nur noch bei Prozessionen benutzten, soll zeigen, dass Herakles von einem Kriegszug zurückkehrt. Er hatte dabei die schöne Deianeira im Zweikampf mit deren Verlobtem, einem Flussgott, errungen[179]. Sie gebar ihm den Sohn Hyllos, und alle zusammen halten bei der Heimkehr jetzt am Fluß Euainos an.

Deianeira wird Jahre später, als ihr Söhnchen schon erwachsen und sie gealtert ist, erleben müssen, wie Herakles zu einem neuen Feldzug gegen die Stadt Oichalia des Königs Eurytos aufbrechen und fünfzehn Monate lang fern bleiben wird. Sie schickt Hyllos aus, um zu erfahren, wie es ihrem Gatten geht. Bevor der Sohn zurückkehrt, berichtet ein Herold von der baldigen Heimkehr des Herakles, der die schöne Königstochter Iole zur Geliebten gewonnen hat und plant, sie zu heiraten.

Da erinnert sich die betrogene Gattin, dass der Kentaur Nessos ihr einen Liebeszauber aus seinem eigenen Blut gegeben hatte. Das floss in Strömen, als Herakles ihn mit den fernhin treffenden Pfeilen erledigte, weil der Unhold die Frau mitten im Fluss unzüchtig bedrängte. Deianeira wußte nicht, dass dieses Blut auf solche Weise mit dem Gift der lernäischen Hydra getränkt war. Sie wollte glauben, dass der Liebeszauber wirkt und tränkte damit das Hochzeitskleid, das sie scheinbar großzügig dem Treulosen übersandte. Dem verbrannte das Giftgewand Muskeln und Knochen. Die Schmerzen wurden so rasend und unerträglich, dass er den Sohn dazu drängt, auf dem nahegelegenen Berg Oeta einen Scheiterhaufen zu errichten und den Vater bei lebendigem Leibe zu verbrennen.

Bei Sophokles ruft Herakles aus: »Und also hat das Untier der Kentaur,/ so wie im Götterspruch vorhergesagt war,/ mich so, den Lebenden, im Tod getötet« (Vers 1161-1163). Überdies zwingt er den Sohn zu versprechen, dass er

178 Mitteilungen des Deutschen Archäologischen Instituts Abteilung Rom 69, 1962, 176.

179 Dargestellt im Mittelfresko der rechten Wand des Colleggio degli Augustali in Herculanum, PAPPALARDO (2009) 199, 207.

die allein zurückbleibende Iole ehelichen werde. Als Deianeira erkennt, was sie unwillentlich getan hat, gibt sie sich selbst den Tod. Herakles, der sich rächen und sie töten will, erfährt das nicht mehr. Seine in Hass umgeschlagene Liebe läuft ins Leere, die Tragödie ist vollendet, doch in dem betrachteten Bild sieht man nur, wie sie sich lautlos anbahnt.

Sophokles, der dieses tragische Schicksal in seinem Werk »Die Frauen von Trachis« zwischen 438 und 433 gestaltet hat, verwendet zwei Schlüsselsätze. Den schon zitierten Vers 860 bis 861: »Doch die geschäftige Liebesgöttin Aphrodite hat sich lautlos offenbart als Anstifterin dieser Dinge«.

Des weiteren Vers 1277: »Und in diesem ist nichts, was nicht Zeus ist«. Der Vatergott Zeus, der auch Vater des Herakles ist, bestrafte ihn zunächst mit dreijährigem Sklavendienst bei Omphale, weil er seinen Freund Iphitos in einem Wahnsinnsanfall in Tiryns von der Mauer gestoßen hatte. Der Rollentausch mit Omphale ist in einem anderen bedeutenden Bild gestaltet[180], wie überhaupt Herakles der beliebteste Held in der Pompejanischen Wandmalerei ist. Und nicht nur dort. Als einer der populärsten aller griechischen Heroen war er durch die außerordentliche Fülle seiner Taten und der mit ihm verbundenen Begebenheiten allgegenwärtig in der griechisch-römischen Welt[181], ein Inbegriff des kraftvollen, alle Wildheit der Tiere überwindenden Helden. Bei Gelagen und in Liebesdingen war er freizügig, was den Männern in Pompeji und nicht nur dort gefallen mochte. Am Ende wird der Sohn der Alkmene[182] dennoch unter die Götter aufgenommen.

Was die Zuweisung des Vorbildes dieses Gemäldes an einen bestimmten Maler angeht, so verdanken wir Heide Lauter-Bufe[183] den Hinweis auf ein Gemälde des Artemon, dessen Darstellung Plinius 35, 139 kurz mit »Hercules und Deianeira« beschreibt. Man könnte einwenden, dass diese knappe Notiz für die Identifikation des Malers nicht ausreicht. Das wäre insbesondere dann zutreffend, wenn es in der römischen Wandmalerei noch ein weiteres Bild der beiden mythischen Personen gäbe. Bisher ist ein solches aber nicht bekannt geworden. Wichtig ist vielmehr, dass das gleiche Vorbild, wie gesagt, in fünf ähn-

---

180 MANN Inv. 8992 aus Pompeji Regio IX 3, 5.24, Haus des Marcus Lucretius, Helbig Nr. 1140; Schefold (1957) 249; PPM IX 268; PPP III 440, Hodske Kat. 690 S. 172 Taf. 53, 1-4.

181 Flashar (2000) 80.

182 Nava (2007) 110 Marinella Lista, s. o. S. 85f.

183 Lauter-Bufe (1967) 59-62.

lichen Fassungen überliefert ist. Es wurde demgemäß als bedeutend angesehen. Doch genügt das für die Zuweisung an Artemon? Welche Argumente sprechen des Weiteren dafür?

Plinius 35, 139 erwähnt außer Herakles und Deianeira noch vier andere Bilder des angesehenen Malers: »Danae mit den sie bewundernden Seeräubern, die Königin Stratonike, sowie seine berühmtesten Werke, die sich in der Porticus der Octavia befinden, ein Herakles, wie er nach der Verbrennung seiner sterblichen Hülle vom Berg Oeta in der Doris mit Zustimmung der Götter in den Himmel auffährt, und die Geschichte des Laomedon mit Herakles und Poseidon«[184].

Für die Zeitstellung Artemons ist wichtig, dass er ein Bildnis der Königin Stratonike geschaffen hat. Es gab zwar mehrere Königinnen dieses Namens. Man wird jedoch davon ausgehen dürfen, dass Plinius die bedeutendste im Sinn hat, die Gattin des Seleukos I. Nikator. Sie war eine Tochter des Demetrios Poliorketes von dessen Gattin Phila, der Tochter des Reichsregenten Antipater. Geboren wurde Stratonike 317 und siebzehnjährig im Jahr 300 mit Seleukos vermählt. Dies dürfte der Anlass für die Anfertigung des Porträts gewesen sein. Das widerspricht nicht dem aus stilistischen Gründen ermittelten Entstehungsdatum des Vorbildes des Nessos-Gemäldes (Abb. 19) gegen Ende des 4. Jahrhunderts.

Von zwei weiteren Bildern des Artemon, die Plinius in der Porticus der Octavia in Rom sah, ist leider keine Vorstellung zu gewinnen. Thematisch sind sie aber mit dem Nessosbild (Abb. 19) eng verwandt. Das eine stellte Herakles dar, wie er Hesione, die Tochter des trojanischen Königs Laomedon rettet. Sie war einem von Poseidon gesandten Seeungeheuer zur Sühne eines Vertragsbruchs ausgeliefert worden. Ihre Befreiung aus größter Gefahr ist eine der bewunderten Taten des Helden. Das andere verherrlicht die Aufnahme des auf dem Scheiterhaufen des Oeta verbrannten Herakles zu den Unsterblichen, das heißt das glückliche Ende der Tragödie, die im Bild von Herakles und Deianeira ihren Anfang nahm.

---

184 Lateinisch: *Artemon Danaen mirantibus eam praedonibus, reginam Stratonicen, Herculem et Deianeiram; nobilissimas autem, quae sunt in Octaviae operibus, Herculem ab Oeta monte Doridos exusta mortalitate consensu deorum in caelum euntem. Laomedontis circa Herculem et Neptunum historiam.*

Ein weiteres wichtiges Argument liefert das vierte, von Plinius als erstes erwähnte Bild des Artemon. Es stellt, wie er sagt: »Danae mit den sie bewundernden Seeräubern« dar. Diese Worte treffen genau auf ein schönes pompejanisches Gemälde von der Nordwand des Westraumes im Haus V 1,18[185] zu. Hier sieht man Danae mit ihrem kleinen Sohn Perseus, die von zwei Männern voll Bewunderung betrachtet werden. Danae war von ihrem Vater Akrisios verbannt und in einer Kiste dem Meer übergeben worden[186]. Sie wurde in der Kykladeninsel Seriphos an Land gespült. Dort muss die von Plinius erwähnte Szene stattfinden. Merkwürdig und nicht ohne weiteres erklärbar ist, dass Plinius nicht wie die Mythographen von Fischern spricht, die Danae und ihr Söhnchen bewundern, sondern von Piraten. Genau das aber ist es, was für die Identifizierung des Gemäldes als Adaption des Bildes von Artemon spricht. Einer der beiden Männer, die voll Verwunderung vor der auf einem Felsen sitzenden Danae stehen, trägt einen messingfarbenen, einfachen Helm. Dieser ist nur bei einem Piraten sinnvoll. Man hat es offenbar wieder einmal mit einer in der schriftlichen Überlieferung nicht mehr begegnenden Mythenversion zu tun, die aber Plinius noch bekannt war. In dieser Version sind es nicht Fischer, sondern Piraten, welche die ans Ufer gespülte Danae finden. Die Arka, in der Akrisios seine Tochter und seinen Enkel dem Meer übergeben hatte, steht in dem Gemälde zwischen den verwunderten Piraten und Danae, die ihrem Söhnchen die Brust reicht.

Dieses Bild ist inhaltlich sehr verschieden von den vier anderen des Artemon, die Plinius erwähnt, es zeigt aber bemerkenswerte stilistische Übereinstimmungen mit dem einzigen anderen dieses Malers, das unseres Erachtens in dem Nessosbild (Abb. 19) und seinen Repliken adaptiert ist. Das Ärmchen des kleinen Perseus ist mit dem des Hyllos in Abb. 19 vergleichbar. Sehr ähnlich sind auch die Handbewegungen der Piraten mit denen des Herakles und des Kentauren im Nessosbild. Besonders ähnlich ist aber das ein wenig steife Bein des vorderen Piraten mit dem des Herakles, und auch die Darstellung des Lichtes auf den gebräunten Gliedern der Männer ist stilistisch nah verwandt.

Die hier erwogenen Argumente können dazu beitragen, eine deutlichere Vorstellung von dem Plinius offenbar gut bekannten und von ihm geschätzten Maler Artemon zu gewinnen. Er ist nicht mehr nur ein Name, sondern

185 Nava (2007) 107, Floriana Miele.
186 Siehe oben S. 32; s. o. Anm. 67.

eine Künstlerpersönlichkeit, die sich mit dem gleichzeitigen Maler des Urbildes des Alexandermosaiks vergleichen lässt. In diesem hatten wir[187] vorschlagsweise Eutychides von Sikyon erkannt. Von dessen Gemälden erwähnt Plinius 35, 140[188] nur ein einziges. Es stellte ein Zweigespann dar, das eine Nike lenkt. Der Hinweis auf das Zweigespann Deianeiras im Gemälde des Artemon liegt nahe, bringt aber mangels Überlieferung keinen Ertrag. Ergiebiger ist der Vergleich mit den Pferden des Alexandermosaiks, auf die wir schon verwiesen haben[189]. Der zur linken Seite geworfene Kopf des rechten Gespannpferdes der Deianeira (Abb. 19) ist erstaunlich ähnlich dem von dem Perser gebändigten Beipferd des Großkönigs im Alexandermosaik[190]. Auch das Blasser-Werden der Hintergrundfiguren ist verwandt. Das bestätigt die Zeitstellung der Vorbilder beider pompejanischen Bild-Adaptionen um 300 v. Chr.

187 Andreae (2004) 79.

188 Lateinisch: *Eutychides bigam regit Victoria.*

189 Siehe oben S. 89.

190 Andreae (2003, 2012²) 64/65.

14. Athenion von Maroneia, Achilleus auf Skyros[191]

(Abb. 20 Achilleus auf Skyros, ganz erhalten, aus der Casa di Achille[192] / Abb. 21 Achilleus auf Skyros, nur zu zwei Dritteln erhalten, aus der Casa dei Dioscuri[193])

Was half mir die Kunst und die List? …
Was das weibliche Kleid? Den Edelsten rissen zum Kriege
Unbegrenzte Begier nach Ruhm und die Bande des Schicksals.

Goethe, Achilleis (1799), drei Verse des 1. Gesangs von 8 geplanten.

»Achilleus in einem Mädchengewand von Odysseus ertappt«, so beschreibt Plinius 35,130 mit den für seine Notizen typischen, knappen Worten ein Gemäl-

---

191 König/Winkler, Plinius 35, Abb. 8: Achilleus auf Skyros nach Athenion, Abb. 21. Ebda. 326: Brunn II 294f.; EAA I 880f, Overbeck SQ Nr. 1975 Pfuhl 851-854; RE II 2041f. Nr. 10; Reinach 378; Robertson 384; Thieme-Becker II 210; Alexandrescu, Cristina Georgeta, … cum grande tuba (…) Agyrtes insonuit (Stat. Achilleus. I 875 ff.). Ein Beitrag zur Ikonographie des Achilleus-Mythos in der Entdeckungsszene auf Skyros, in: Guntram Koch, hg, Sarkophag-Studien 3 (2007) Achilleus I 875 ff.; Cameron, Alan, Young Achilles in the Roman World, Journal of Roman Studies 99, 2009, 5-22 setzt die Existenz illustrierter mythologischer Handbücher voraus, welche die Künstler benutzt haben; Önal, Mehmet, »Die Mosaiken im Triclinium des ›Kointos-Hauses‹ in Zeugma«, in: E.Winter (ed.), Patris Pantrophos Kommagene. Neue Funde und Forschungen zwischen Taurus und Euphrat. Asia Minor Studien 60, Bonn 2008: p. 263-273 (mit Taf, 35-37); Waldner (2000) 82 Anm. 2; Lessing, Erich; Varrone, Antonio, Pompeji (Frechen 2001) 146; Im Winckelmann-Institut der Humboldt-Universität Berlin fand 2010 eine Ausstellung über das Thema statt: http://winckelmann-institut.hu-berlin.de/ausstellungen/bilder-ordner-ausstellungen/Achilleus-2010/Achilleus-ausstellungsposter-2.

192 Pompeji Regio IX 5,2.22, Casa di Achille, ausgegraben 1877, L 1,22 m H 1,30 m, MANN Inv. 116085, Sogliano (1879) Nr. 572; Schefold (1957) 252; PPM IX 394; PPP III 453; Hodske (2007) 202f. Taf. 96,1 Kat. 704; vorne links flüchten zwei Frauen und rechts hinten flieht eine weitere, die Töchter des Lykomedes. Der vorderen Frau rutscht durch die heftige Bewegung das Gewand vom Körper, so dass ihr Rücken völlig entblößt ist.

193 Regio VI 9,6-7, Casa dei Dioscuri, ausgegraben 1826, L 1.00 m H 1,48 m, MANN Inv. 9110, Helbig (1868) Nr. 1297; Schefold (1957) 117; PPM IV 910, man beachte die rekonstruierte Zeichnung PPM IV 904 Abb. 84, Hodske Taf. 96, 3.; PPP II 212; Hodske (2007) 203 Taf. 96, 1.2.3 Kat. 28; Bragantini (2009) 312f. Scheda 139 Fiorenza Grasso.

de des von ihm hoch geschätzten Athenion von Maroneia. Der Mythos ist der bekannte von Achilleus auf Skyros, den Euripides in der leider nicht erhaltenen, sondern nur vom Titel her bekannten Tragödie »Die Leute von Skyros« zugrunde legte und den auch Apollodoros, Bibliotheke 3,13,8[194], Hyginus, Fabulae 96, Ovid, Metamorphosen 13,165-170[195], Statius, Achilleis 1, 545-885 überliefern.

Um ihren Sohn vor dem Tod in Troja zu schützen, hatte ihn Thetis unter den Töchtern des Königs Lykomedes auf der Sporaden-Insel Skyros in Mädchenkleidern verborgen. Doch Odysseus, der die Aussage des Sehers Kalchas kannte, Troja könne ohne die Teilnahme des Achilleus am Kampfe nicht erobert werden, begab sich, als Händler verkleidet, an den Hof des Lykomedes und stellte dort seine Waren aus, nicht nur Geschenkartikel für die Mädchen, sondern auch Waffen. Er hoffte, dass Achilleus sich für diese interessieren und dadurch verraten würde.

Odysseus hält außer einem Schwert noch eine Lanze in der Linken. Die beiden Lykomedes-Töchter auf der linken Seite fehlen. Achilleus trägt am linken Fußgelenk einen Schmuckreifen. Das Mädchen rechts hinter Odysseus flüchtet mit pathetisch ausgebreiteten Armen und heftig hinter ihr her wehendem Gewand. Lykomedes wird kleiner wiedergegeben und hat seine rechte Hand erhoben.

194 a. O (3,174): »Als Achilleus neun Jahre alt war, erklärte Kalchas, Troia könne ohne ihn nicht genommen werden. Weil Thetis vorauswusste, dass er auf dem Feldzug zu Tode kommen müsse, versteckte sie ihn in Mädchenkleidern und gab ihn als Mädchen dem auf Skyros in Verwahrung. Während er hier heranwuchs verkehrte er mit der Lykomedestochter Deidameia und bekam von ihr den Sohn Pyrrhos, der auch Neoptolemos genannt wurde. Odysseus suchte Achilleus – er war ihm verraten worden – bei Lykomedes und fand ihn mit Hilfe einer Kriegstrompete. So kam Achilleus nach Troia«.

195 In der deutschen Übersetzung von Erich Rösch:
»Ich hab, den männlichen Sinn ihm zu wecken, zu weiblichem Tand ihm
Waffen gelegt. Noch hatte der Held nicht die Jungfrauenkleidung
Von sich geworfen, da sprach ich zu ihm, der Lanze und Schild schon
trug: ›O Sohn einer Göttin! Dir spart das zu fallen bestimmte
Troja sich auf. Was zögerst du noch, das mächt'ge zu stürzen?‹
Legt' ihm die Hand auf und sandte den Tapfern zu tapferen Taten.«
Lateinisch:
Arma ego femineis animum motura virilem
mercibus inserui, neque adhuc proiecerat heros
vergineos habitus, cum parmam hastamque tenenti
»nate dea«, dixi »tibi se peritura reservant
Pergama! Quid dubitas ingentem evertere Troiam?«

Der Mythos von Achilleus auf Skyros begegnet nach dem gleichen griechischen Vorbild in zwei pompejanischen Gemälden[196]. Das eine aus der danach benannten Casa di Achille, Regio IX 5, 1-3, Ambiente (u), Mittelfeld der Nordwand [197] (Abb. 20) ist vollständig erhalten, aber nicht so sorgfältig kopiert; das andere aus der Casa dei Dioscuri, Regio VI 9,6-7, Tablino (42) Mittelfeld der Nordwand[198] (Abb. 21) muss man hingegen als ausgezeichnete Kopie bezeichnen. Doch ein Drittel dieses Bildes auf der linken Seite ist verloren gegangen, der Kopf des Königs Lykomedes in der Mitte des Bildes oben ist sehr verrieben und kaum noch zu erkennen. Einen auf Odysseus, Achilleus und eine Tochter des Lykomedes verkürzten Ausschnitt aus dem Gemälde bietet ein Mosaik im Nymphäum der Casa di Apollo, Pompeji VI7, 23[199].

Außerdem gibt es noch zwei weitere verkürzte Varianten. Eine[200] schon 1766 ausgegrabene ist leider zerstört und nur durch alte Fotografien und Zeichnungen bekannt. Sie stellt Achilleus in Mädchenkleider dar, der Schild und Speer schon ergriffen hat. Zu seinen Füßen eine niedersinkende unbekleidete Tochter des Lykomedes. Hinter ihr die bekleidete andere. Von rechts stürmt Odysseus herbei und deutet mit der erhobenen rechten Hand auf Achilleus. Wenn hinter ihm nicht Agyrtes mit der schräg nach oben gehaltenen Trompete erschiene, könnte man überhaupt zweifeln, ob diese Variante auf das gleiche Urbild zurückgeht wie Abb. 20 und 21. Der Maler ist so frei mit seinem Musterbuch umgegangen, dass für das Urbild kaum etwas zu gewinnen ist.

Das gleiche muss auch für die andere Variante im Vettier-Haus[201] gelten. Achilleus rechts und Odysseus links begegnen hier seitenverkehrt; ebenso die

---

196 Zwei weitere Bilder, ein zerstörtes aus Pompeji Regio VIII 4,4.49, Casa di Holconius Rufus: Hodske (2007) 203 Taf. 97,1-3, Kat. 605 und das ebenfalls zerstörte aus Pompeji, Regio VI 15,1.27, Casa dei Vettii, Hodske (2007) Taf. 97,4 Kat 362 belegen nur die Bekanntheit des Urbildes, geben aber nichts für dieses aus.

197 Siehe oben Anm. 192.

198 Siehe oben Anm. 193.

199 Pappalardo, Umberto und Ciardiello, Rosaria, Griechische und römische Mosaiken mit Fotografien von Luciano Pedicini (Hirmer 2012) 202 Abb. 117.

200 Pompeji Regio VIII 4,4.49, Casa di Holconius Rufus, ausgegraben 1766, H 1,04 m L 0,94 m, zerstört, Helbig Nr. 1296; Schefold (1957) 224; PPP III 342; PPM VIII 513, Hodske (2007) 203 Taf. 97, 1-3 Kat. 605.

201 Pompeji Regio VI 15, 1.27, Casa die Vettii, ausgegraben 1894, war schon damals nur noch fragmentarisch erhalten und ist ebenfalls weitgehend zerstört: Schefold (1957) 149; PPM V 566; Hodske 203 Taf. 97,4 Kat 362.

beiden nach links und rechts fliehenden Töchter des Lykomedes. Seitenverkehrte Wiedergabe ist eine häufige Weise der Aneignung von Bildern aus Musterbüchern. In keinem der beiden Bilder begegnen Lykomedes, seine Krieger und Diomedes. Man kann demnach diese beiden Varianten für die Beurteilung des Urbildes außer Acht lassen.

Nur durch eine vergleichende Betrachtung der beiden Gemälde Abb. 20 und 21, wobei auch das Mosaikexzerpt heranzuziehen ist, kann man eine Vorstellung des interessanten Vorbildes gewinnen. Den Hintergrund bildet eine in einen mittleren breiten und zwei schmalere seitliche Abschnitte gleichmäßig eingeteilte, mit jonischen Halbsäulen gegliederte Wand. Die über Eck gestellten Kapitelle sind sehr flach. Die Wand ist rechts und links zu einem blauen Hintergrund geöffnet. Da der Palast auf einer Insel liegt, könnte man darin einen Ausblick auf Himmel und Meer erkennen. Wenn dieser Hintergrund nicht in blauer Farbe vor Augen stünde, könnte man auch annehmen, dass die Szene vor dem Palast spielte. So aber wird man für wahrscheinlich halten, dass in der Mitte die vergoldeten Flügeltüren zum Innenhof des Palastes aufgeschlagen sind. Das ist offenbar bei beiden Fassungen gleich gewesen, auch wenn es bei dem Gemälde aus der Casa dei Dioscuri (Abb. 21) nicht so gut erhalten ist. Hier sieht man jedoch, dass in den Hof eine breitere Stufe hinabführt, auf der die Reihe der Personen zwischen dem eintretenden König und der vorderen Reihe mit Achilles steht.

Genau in der Mitte erscheint, höher als alle anderen, der nur mit dem Oberkörper sichtbare König Lykomedes, der sein mit einem goldenen Diadem geschmücktes, bärtiges Haupt leicht zu seiner linken Seite wendet. Er ist offenbar beim Eintritt in den Palasthof über den Tumult vor seinen Augen überrascht. Vom Betrachter aus links neben ihm taucht der behelmte Kopf eines Griechen auf, der einen messingfarbenen Schild vor die Brust hält. Er betritt zugleich mit Lykomedes durch die geöffnete Tür den Palasthof. In diesem Krieger und den anderen Behelmten zu Seiten des Königs in der Reihe hinter seinen Töchtern wird man gewiss dessen eigene Leibgarde und nicht etwa Gefährten des Odysseus erkennen, weil dieser ja nicht als Krieger, sondern als Händler auftritt. Auch der jugendlich bartlose Grieche, der Achilleus von hinten an Arm und Schulter packt, ist nicht bewaffnet. Da nach den Schriftquellen Odysseus von Diomedes begleitet wurde und dieser auch in anderen Darstellungen bartlos ist, oder nur einen Wangenbart trägt[202], dürfte es sich um diesen jugendlichen Helden aus Argos handeln. Statius nennt ihn in der Achilleis I 881 den Fürsten der Ätoler.

Sinnvoller Weise vollständig gewappnet ist der Trompeter, den man in Abb. 20 im Hof selbst auf der linken Seite über den weiter vorn dargestellten flüchtenden Frauen sieht. Im Gemäldefragment Abb. 21 ist nur der Schalltrichter der Trompete am Rande links oben erhalten. Die Achse dieses Schalltrichters weist schräg nach oben. Der Trompeter hielt die Tuba also nicht waagrecht an den Mund, sondern hatte den Kopf zurückgeworfen und blies emphatisch in die Luft. Das ist die ausdrucksvollere Fassung, die man wohl für das Original beanspruchen kann, denn die Details im Bild Abb. 20 sind nicht gut getroffen. Hier hält der Trompeter das allzu dünne Blasinstrument mit ausgestrecktem rechten Arm und plumper Hand waagrecht an die Lippen. Dabei hat er den behelmten Kopf in den Nacken gelegt, wie es nur bei schräg nach oben gehaltenem Instrument sinnvoll wäre. Das ist ein weiterer Beleg dafür, dass die schräge Haltung der Trompete im Original vorgebildet war[203]. Der Maler des Vorbildes wollte die lebendige Entschiedenheit des Trompeters anschaulich machen.

Der Trompeter gibt offensichtlich ein Signal, das Achilleus entlarven soll. Apollodoros 13, 38,8 hält fest, dass Odysseus den unter den Mädchen versteckten Achilles mit Hilfe der Kriegstrompete entdeckte, die er seinen Gefährten blasen ließ. Nach Statius, Achilleis I 876 war sein Name Agyrtes[204]. Zu diesem wirft Achilleus in beiden Fassungen den Blick zurück, während er nach dem Schild greift, weil sein auch in den Frauenkleidern nicht verlorener männlicher Sinn mit der Bewegung von Haupt und Händen auf das Blasen der Trompete reagiert. Es erschallt gewöhnlich, um das Nahen von Feinden zu signalisieren.

Achilleus ist in der Mitte des Bildes nicht nur in Mädchenkleidern wiedergegeben, sondern seine Haut ist wie bei den Frauen hell, nicht sonnengebräunt. Er ist mit allen Gliedern sehr lebhaft bewegt und schreitet mit dem aus dem Gewand heraustretenden, kräftigen linken Bein weit aus. Die ganze Statur mit den starken Schenkeln und breiten Schultern ist maskulin.

---

202 Zum Beispiel bei den Skulpturen des Palladionraubes, ANDREAE (1999) 62-69.

203 Wie verwickelt die Motivgeschichte des Trompeters ist, habe ich schon in meiner Dissertation, ANDREAE (1956) 65-67, untersucht, ohne jedoch die Figur des Agyrtes zu berücksichtigen. Dabei hätte diese als Beleg für die a. O. geäußerte Vermutung dienen können, dass es sich um ein malerisches Motiv klassischer Zeit handelt. Vgl. auch ALEXANDRESCU (2007).

204 LIMC I (1981) 308-311 s. v. Agyrtes (Pascale Linant de Bellefonds).

Die am Boden abgestellte Schutzwaffe, nach welcher er mit der Rechten greift, trägt interessanterweise ein Schildzeichen, das Achilleus selbst als von Cheiron im Saitenspiel unterwiesenen Knaben darstellt.

Die Erziehung Achills durch Cheiron erwähnt neben anderen[205] auch Statius in der Achilleis I, 572-575. Das lateinische Epos wurde nicht lange nach der Zeit gedichtet, in welche die Kopien des Bildes zu datieren sind. Mit dem Schildzeichen der zum Kauf angebotenen Schutzwaffe wollte Odysseus Achilleus direkt an seine Erziehung erinnern und, indem er mit dem Speer darauf deutet, an dessen Männlichkeit appellieren. Da diese ansprechende Einzelheit im Bild Abb. 21 und im Mosaikexzerpt[206] vorkommt, muss sie auch das originale Vorbild geboten haben.

Dieses Schildzeichen bedarf einer besonderen Untersuchung. Interessant ist nämlich, was aus der Darstellung dieser Treibarbeit in dem Vorbild über das Vorbild der Treibarbeit selbst zu ermitteln ist. Um in dieser umstrittenen Frage[207] zu einem plausiblen Ergebnis zu kommen, ist zunächst das Gemälde selbst weitergehend zu untersuchen.

Das Zentrum des Bildes ist Achilleus. Den Kopf wirft der von den Griechen entlarvte Held überrascht nach hinten zurück. Er reagiert damit noch stärker auf das Trompetensignal als auf den Griff des von hinten zupackenden, großen Odysseus-Gefährten, der ihn am rechten Arm und an der linken Schulter festhält. Kopf und Gesicht dieses dunkel gebräunten Griechen, in dem man wie gesagt, Diomedes erkennen muss, erweist sich in beiden Fassungen als sehr sorgfältig ausgeführt. Seine noch dunkler als das Gesicht gehaltenen Locken, die das Haupt dicht umschließen, sind über der Stirn kielförmig geteilt wie beim Apollo vom Typus Belvedere des Leochares (ca. 325 v. Chr.)[208].

Odysseus stürmt von rechts heran. Kenntlich ist er am Pilos, dem aus Filz bestehenden Futter des Helmes, das er ständig trägt, um sich, wenn es nötig ist, den Helm sofort überstülpen zu können. Er ist aber nicht gepanzert, sondern

---

205 Alexander der Große, der sich als neuer Achilles fühlte, wurde als Dreizehnjähriger von Aristoteles in einer Nymphengrotte in Mieza bei Pella erzogen wie Achilleus durch Cheiron in einer Nymphengrotte am Pelion, s. Flashar, Hellmut, Aristoteles Lehrer des Abendlandes (München 2013) 47.

206 Siehe oben Anm. 199.

207 LIMC I 48 Nr. 50.

208 Andreae, Bernard hg, Museo Pio Clementino Cortile del Belvedere (Berlin New York 1998) Taf. 34-42.

trägt den Chiton eines Kaufmannes, auch wenn er von den Waffen, die er zum Kauf anbietet, Schwert oder Speer in Händen hält. In dem Gemälde (Abb. 20) hat er ein Schwert in der Faust, in dem genauer kopierten Gemälde (Abb. 21) hält er einen Speer so in der linken Hand, dass die Spitze auf das Schildzeichen deutet. Das ist genau so auch in dem Mosaik[209]. Darauf müssen wir weiter unten noch eingehen.

Zunächst betrachten wir die in dem Bild ebenfalls dargestellten Frauen am Hof des Lykomedes. Es sind drei, eine in dem Bild Abb. 20 in der Reihe hinter Odysseus rechts, die erheblich verändert auch im Bild Abb. 21 begegnet, und zwei, die nur in diesem hier vollständigeren Bild links in den vorderen Reihen zu sehen sind.

Verglichen mit dem Mädchen hinter Odysseus im Bild Abb. 21, ist das Mädchen in Abb. 20, von dem nur die linke Schulter, beide erhobenen Hände und der Kopf zu sehen sind, im Maßstab zu groß und ziemlich allgemein gebildet. Man wird die Frauengestalt in dieser Form kaum für das Original in Anspruch nehmen dürfen. Demgegenüber ist das Mädchen in dem Gemälde Abb. 21 maßstäblich überzeugend und eindrucksvoll in der Bewegung. Ihr Oberkörper ist nackt; sie hebt das hellblaue Gewand mit der rechten Hand über den Kopf, so dass es sich hinter dem schönen Körper bläht. Die Linke drückt ihr flehendes Erschrecken aus. Sie ist gesenkt und geöffnet, während das Mädchen die Augen auf Achilleus richtet. Es dürfte Deidameia sein, mit der Achilleus sich heimlich verbunden und den Sohn Neoptolemos gezeugt hatte. Diesen nannte Lykomedes Pyrrhos, den Rothaarigen, als er Achilleus mit Deidameia vermählte, bevor jener nach Troja aufbrach.

Von den beiden Frauen auf der linken Seite ist die eine, ein junges Mädchen, vom Rücken gesehen, die andere hingegen von vorne. Diese wirkt älter an Jahren. Sie hebt erschrocken ihre rechte Hand, hat die Haare in einem Kopftuch aufgenommen und trägt einen bis zum Hals geschlossenen Chiton. Sie könnte die Gattin des Lykomedes und die Mutter der Mädchen oder wahrscheinlicher deren Amme sein. Ein Name ist für diese Frau bei den Mythographen nicht überliefert. Es spricht aber für den Einfallsreichtum und die Lust zu variieren des Schöpfers dieses Gemäldes, dass er außer der Mindestzahl von zwei Töchtern des Lykomedes auch noch eine dritte Frau darstellte, die als Aufsicht der Mädchen nicht fehlen sollte. Dies würde auf jeden Fall erklären, warum die ältere

209 Siehe oben Anm. 199.

Frau die für ihre Lebensjahre passende Kleidung trägt, während die Mädchen so leicht bekleidet sind, dass ihnen bei der Flucht die Gewänder herabfallen. Das stellt auch das Mosaik[210] bei dem einen Mädchen, das hier begegnet, so dar.

Die beiden Gemälde Abb. 20 und 21 und das Mosaikexzerpt, müssen auf ein bekanntes griechisches Vorbild zurückgehen. Dieses bot offenbar eine reiche Komposition, die in drei Figurenreihen hintereinander in einem nicht sehr tiefen Kastenraum von vorn nach hinten und in chiastischen Nebeneinanderstellungen von Figuren mit schräg stehenden Körperachsen in Ausfall- oder Rückfallstellung von einer Seite zur anderen aufgebaut ist. Die Mitte ist durch die in sich selbst gegenbewegte Figur des von Diomedes umklammerten Achilleus bestimmt. In der V-förmigen Öffnung, die ihre Köpfe bilden, ragt die Figur des Lykomedes auf, wobei das Spiel mit der mathematischen Mittelachse des Gemäldes aussagereich ist für die Stimmung des erstaunten Königs.

Der Maler kannte sich in klassischen Bildkompositionen und Skulpturengruppen aus und hat auch seinerseits auf spätere Maler und Bildhauer eingewirkt. Die Figur seines Trompeters Agyrtes hat Phyromachos von Athen seitenverkehrt für den Trompeter seines Galliergemäldes[211] verwendet.

Bei der Frage nach der Zeitstellung des Malers Athenion von Maroneia ist ein Vergleich mit dem Alkestisbild Abb. 8 aufschlussreich. Vergleichbar ist in beiden Bildern die Dreiteilung der Hintergrundarchitektur und das hohe Auftreten einer Zentralfigur, in Abb. 8 des Apollo und in Abb. 20 und 21 des Königs Lykomedes, sowie die Verteilung der Figuren in drei Reihen, wobei die hinteren Figuren höher aufragen; im Fall des Bildes von Achilleus auf Skyros, weil sie auf einer höheren Standfläche stehen, die gut nur in Abb. 21 zu erkennen ist. Diese Standfläche ist eine breitere Stufe, die zum Hof hinabführt. Sie ermöglicht eine besondere, in beiden Bildern vergleichbare, typisch spätklassische Art und Weise, die nicht sehr große Tiefenräumlichkeit in der Fläche anschaulich zu machen. Man möchte die Entstehung des Urbildes von Abb. 20 und 21 zeitlich nicht sehr weit von derjenigen des Alkestis-Bildes Abb. 8 und 9 abrücken. Da Plinius 35, 134 das Bild, in welchem Odysseus den jungen Achilleus in Mädchenkleidern ertappt, unmittelbar an seine Behandlung des Malers Nikias anschließt, der bis etwa 300 wirkte, ist dies vielleicht auch ein Hinweis

210 Siehe Anm. 199.
211 Andreae (1956) 65-67.

darauf, dass man Athenion spätestens um die Wende des 4. zum 3. Jahrhundert einordnen muss.

An dieser Stelle ist es sinnvoll, wie angekündigt, das besondere Problem zu untersuchen, welches das Schildzeichen des von Odysseus zum Verkauf angebotenen und von Achilleus gepackten Schildes bietet. Es stellt in der angedeuteten Treibarbeit die Erziehung des jungen Achilleus zum Saitenspiel durch den Kentauren Cheiron dar. Dieser weise Lehrer hat den Knaben auch in der Medizin, der Jagd und der Kriegskunst unterwiesen[212]. Im besser kopierten Bild (Abb. 21) ist das als herausgetriebenes Relief vorzustellende Schildzeichen mit lockeren Pinselstrich in weißen Umrisslinien angedeutet, im vollständiger erhaltenen Bild (Abb. 20) ist es in grauer, wenn auch mit weißen Glanzlichtern aufgehöhter Farbe so deutlich gemalt, dass man trotz der Abreibungen am Rand beim Vergleich erkennt: Beide gemalte Treibarbeiten geben die gleiche Komposition wieder. Dasselbe Schildrelief überliefert auch das Mosaik im Haus des Apollon[213] in der auf drei Personen, Odysseus, Achilleus und die von Rücken gesehene Tochter des Lykomedes verkürzten Version der Szene. Hier ist die Treibarbeit auf die Odysseus mit der Spitze seines Speeres hinweist, so genau ausgeführt, dass trotz der ein wenig plumpen Setzung der Mosaiksteinchen kein Zweifel möglich ist: Es ist die gleiche Komposition, die man auch von zahlreichen anderen Bildträgern kennt. Die sorgfältigste, detailgenaueste ist das neronische Gemälde aus dem Augusteum in Herculanum (Abb. 1). Dieselbe Gruppe ist in den weiteren von Anneliese Kossatz-Deissmann[214] zusammengestellten Mosaiken, Gemmen, Lampen, Stuckreliefs, Treibarbeiten, Sarkophagen nicht so genau ausgeführt, dass man durch eine vertiefte Untersuchung etwas für das vorauszusetzende Original erfahren könnte. Sie bezeugen nur die Beliebtheit des Motivs, das nach Plinius, Naturalis Historia 36, 29 die augusteische Kulturpolitik den Wählern auch im Wahllokal, den Saepta Julia zu Rom, in Form einer klassischen Marmorgruppe vor Augen stellte. Die musische Erziehung des großen griechischen Helden war ein *exemplum*, das alle Bürger anging.

---

212 Siehe oben S. 10.

213 Pompeji Regio VI, 7, 23 PPM IV 507, Nr. 65; LIMC I 49 Nr. 55 und 122; Pappalardo (2012) 202, Abb. 117. Das auf die Figuren von Odysseus, Achilleus und eine Tochter des Lykomedes verkürzte Mosaik im Nymphäum der Casa di Apollo, gibt Einzelheiten des Urbildes gut wieder.

214 LIMC I 49-50 Nr. 56-62.

Plinius teilt mit, dass zwei Marmorgruppen im römischen Wahllokal zu sehen waren: außer Achilleus und Cheiron die Darstellung eines verwandten Mythos, nämlich die Unterrichtung des Olympos im Flötenspiel durch Marsyas. Das ist interessant, weil die beiden gleichen Mythen auch in den Gemälden im Augusteum von Herculanum wiederkehren.

Könnte das Schildzeichen ein in der Überlieferung allerdings nicht genanntes Gemälde wiedergeben, das dann auch der Komposition im Augusteum von Herculanum (Abb. 1) zugrunde liegen dürfte? Das ist unwahrscheinlich, denn diese Komposition, in der Cheiron schräg von rechts vorn gesehen auf den Hinterbeinen hockt und mit der rechten Hand vor dem herabhängenden Arm und dem Oberkörper des vor ihm stehenden Achilleus her greifend seinem Schüler, der zu ihm aufschaut, die Saiten erläutert, gibt offensichtlich in der Flächenkunst eine plastische Gruppe wieder[215]. Eine solche wird von Plinius, Naturalis Historia 36, 29 erwähnt. Sie war so kostbar, dass die Wächter für die Unversehrtheit dieser und der zweiten sogleich zu nennenden Skulpturengruppe mit ihrem Leben hafteten.

An die Erwähnung dieser Dinge schließt sich eine Diskussion an, die nicht zur Ruhe kommt. Die Frage ist, ob die beiden herausragenden Darstellungen von Cheiron, der Achilleus das Saitenspiel lehrt, auf ein bestimmtes, gemeinsames Vorbild zurückzuführen sind. Die eine ist das Schildzeichen des Rundschildes, den Achilleus auf Skyros in dem Athenion zugeschriebenen Gemälde packt (Abb. 20 und 21), die andere das Gemälde aus dem Augusteum in Herculanum MANN Inv. 9109 (Abb. 1). Kann das Vorbild in beiden Fällen jene von Plinius erwähnte, überaus wertvolle marmorne Skulpturengruppe in den Saepta Julia zu Rom gewesen sein? Diese Diskussion ist unvermeidlich, weil im herculanensischen Augusteum auch das Thema der zweiten von Plinius a. O. erwähnten Gruppe, die Erziehung von Olympos zum Flötenspiel, begegnet[216].

Da die neronischen Gemälde aus dem Augusteum offensichtlich Skulpturengruppen wiedergeben, scheint dies kein Zufall zu sein. Jedenfalls drängt sich der Syllogismus auf, die Komposition der Cheiron-Achilleus-Gruppe im Gemälde (Abb. 1) und seine Repliken mit derjenigen des Schildzeichens in den auf Athenion zurückzuführenden beiden Wandgemälden (Abb. 20 und 21) sowie im verkürzten Mosaik in Pompeji gleichzusetzen: Verewigt das Schildzeichen

215 Siehe oben S. 11.
216 Boriello (2008) 139 Taf. 28.

tatsächlich die klassische Skulpturengruppe, die seit etwa 26 v. Chr. in Rom stand, aber nur als Gemälde in Herculanum sowie in Mosaikform zu Pompeji anschaulich wird? Eine Entscheidung ist nicht möglich, diese Lösung gilt aber von allen erwogenen als die nächstliegende.

Für das Verständnis von Athenion wäre diese Lösung jedenfalls weiterführend. Die nach Rom verbrachte Skulpturengruppe wurde für so wertvoll erachtet, dass sie ein klassisches Werk gewesen sein muss und demnach schon zur Zeit des Athenion existierte. Wenn er die klassische Skulpturengruppe, die sich zu seiner Zeit wohl noch in Griechenland befand, in dem Schildzeichen zitiert, bedeutet das, er bemühte sich um die Kenntnis zeitgenössischer Bildhauerkunst. Schon bei der ausgiebigen Betrachtung der Bildversion, welche die beiden Gemälde (Abb. 20 und 21) sowie das auf Odysseus, Achilleus und eine Tochter des Lykomedes verkürzte Mosaik im Nymphäum der Casa di Apollo, Pompeji V I7, 23[217] überliefern, wurde deutlich, dass der Erfinder des Urbildes besonders gebildet und einfallsreich war.

Da diese Komposition, wenn auch stark verändert, in nahezu hundert Werken der römischen Bildenden Kunst, Gemälden, Mosaiken, Reliefsarkophagen, anderen Reliefs aus Stein und Elfenbein sowie auf einem Silberteller aus Kaiseraugst und einem Goldfolienglas in Köln anklingt[218], muss sie auch selbst sehr berühmt gewesen sein, was ihre Wertschätzung verständlich macht.

Die beiden Voraussetzungen, erstens Berühmtheit der von ihm zitierten Komposition und zweitens hoher Bildungsgrad des Malers treffen auf den eingangs erwähnten Athenion aus Maroneia, einen Schülers des Glaukion aus Korinth, und sein von Plinius 35, 134 gerühmtes Gemälde zu. Es stellte nach Plinius »Achilleus in einem Mädchengewand versteckt, von Odysseus ertappt« dar, also genau das in den pompejanischen Nachbildungen wiedergegebene Thema. Sollte der Maler darin eine der später in den *Saepta* zu Rom stehenden Gruppen als sinnvolles Schildrelief zitiert haben, wäre das Urteil über seinen Kenntnisreichtum bestätigt. Das läge ebenfalls näher, als eine eigene malerische

217 Siehe oben Anm. 199.

218 Auch hier ist nicht der Ort, die lange Liste dieser Denkmäler im Einzelnen zu erstellen, sie werden einem aber zugspielt, gewöhnlich auch mit Bild, wenn man bei einer Suchmaschine den Begriff »Achilleus auf Skyros« eintippt. Vergleicht man diese Bilder mit den Gemälden Abb. 20 und 21, dann erkennt man sofort deren überragenden kompositorischen Rang.

Bilderfindung für die Darstellung von Cheiron und Achilleus im Schildrelief anzunehmen, die ja auch beim Bild Abb. 1 abzulehnen war.

Am Ende dieser umständlichen Überlegungen hat man die Wahl, den Maler des bedeutenden Vorbildes der Gemälde Abb. 20 und 21 unbenannt zu lassen, oder ernst zu nehmen, dass dieser Maler, wenn man noch mehr Bilder von ihm kennte, mit keinem anderen zu vergleichen wäre. Eine derartige Aussage gibt es aus dem Altertum nicht von vielen Malern. Und auch Bilder wie die des Achilleus unter den Töchtern des Lykomedes sind die Ausnahme. Es sei an das Lob von Ludwig Curtius[219] erinnert, der es als »eines der größten uns erhaltenen Meisterwerke antiker Malerei« ansah.

Deren Schöpfer war ein bedeutender Maler, und den Namen des Athenion von Maroneia für den Autor des Bildes vorzuschlagen, dessen Thema mit dem ihm von Plinius 35, 134 zugewiesenen übereinstimmt, erscheint geradezu als Pflicht der Wissenschaft. Abgesehen davon, dass nur ein einziges Gemälde mit diesem Thema in der uns erhaltenen antiken Literatur der Erwähnung für würdig gehalten wurde, nämlich das des Athenion von Maroneia, ist ein wichtiges Argumente, das in zwei Versionen überlieferte Werk als eine Schöpfung dieses Meisters anzusehen, außer der überragenden Qualität der Kenntnisreichtum dieses Malers.

Hier ist das gesamte, merkwürdig verschränkte Urteil von Plinius 35, 134 auf seine nachvollziehbare Aussage hin zu überprüfen. Es lautet: »Er war in der Farbe härter und in der Härte gefälliger, sodass selbst in seiner Malerei seine Bildung sichtbar wurde«[220]. Das Urteil über die Farbgebung des Athenion erinnert in der treffsicheren Knappheit an das kurz vorher von Plinius 35, 131 geäußerte über Nikias[221], der auf Licht und Schatten achtete und dafür sorgte, dass das Gemalte aus den Tafeln, das heißt der Malfläche hervortrat. Die Farben, welche die Gemälde Abb. 20 und 21 bieten, könnte man mit nur zwei gegensätzlichen Begriffen schwerlich treffender charakterisieren, als dass sie in ihrer Härte besonders gefällig sind. Das unmittelbare Nebeneinander des dunkelbraunen Kopfes des Diomedes und des rosa überhauchten der älteren Frau im Bild Abb. 20, oder des dunkel bronzefarbenen Schildes und der hellen Haut des linken Beines von Achilles in Abb. 21 ist ebenso hart wie gefällig. Wenn man

219 Siehe oben Anm. 21.
220 Lateinisch: *austerior colore et in austeritate iucundior.*
221 Siehe oben S. 32.

die beiden Bilder unter dem Gesichtspunkt betrachtet, wie hier hell und dunkel nicht so sehr als Licht und Schatten, sondern vielmehr als herb und ansprechend eingesetzt werden, zum Beispiel die dunklen Haare und die leuchtenden Gesichter, die sonnengebräunten Arme und Hände, welche im Umgreifen das lichte Inkarnat des in Frauenkleidern ertappten Achilleus noch mädchenhafter wirken lassen. Der Eindruck verstärkt sich, dass dieser Maler es auf einen das ganze Bild wirklich belebenden Gegensatz der von ihm gewählten Farben abgesehen hat, die im Nebeneinander von hart und gefällig überzeugen sollten. Das ist ein weiteres wichtiges Argument für die Zuweisung der Bildschöpfung an Athenion von Maroneia.

Von diesem Maler kennt PLINIUS 35, 134[222] insgesamt fünf Gemälde:

Er malte

1. »im Tempel von Eleusis einen Phlyarchen, und
2. in Athen, was man häufig Syngenikon[223], das heißt Verwandtschaft nannte, ebenso
3. Achilleus in einem Mädchengewand von Odysseus ertappt, und
4. in einer Tafel sechs Figuren, die er ganz besonders hineintat,
5. einen Reitknecht mit Pferd[224].«

Das erstgenannte Bild eines Phlyarchen, das heißt Feldherrn in Eleusis ist entscheidend für die Datierung des Athenion. PAUSANIAS I 26, 3 erwähnt nämlich, dem attischen Feldherrn Olympiodoros sei eine Reihe von Ehren zuteil geworden, darunter ein Gemälde in Eleusis. Diese Nachricht ist schon von

---

222 Lateinisch PLINIUS 35, 134: *Pinxit in templo Eleusine Phylarchum et Athenis frequentiam, quam vocavere syngenicon, item Achillem virginis habitu occultatum Ulixe deprendente et in una tabula VI signa, quaque maxime inclaruit, agasonem cum equo.* Der Bambergensis bietet ETINUNATABULAMVTSIGNA, die Konjektur: *et in una tabula VI signa* wird aber allgemein akzeptiert.

223 Das Wort *syngenicon* bei PLINIUS 35, 134 ist ein Hapax Legomenon und ist in entsprechender griechischer Form nicht in den Wörterbüchern verzeichnet, muss aber die Familienverwandtschaft bedeuten.

224 Die Überlegungen von SIX (1921) 5 zur Übereinstimmung der Bewegung des persischen Reitknechts in der Pantherjagd des Alexandersarkophages aus Tyrus in Istanbul (beste Bildwiedergabe FMR Nr. 75, 48) mit der rechten Bakchantin des Pentheusbildes in der Casa dei Vetti (hier Abb. 15) sind zu allgemein, um eine Autorschaft des Athenion zu begründen. Da der Alexandersarkophag um 320 datiert werden muss, geht dies auch aus chronologischen Gründen nicht.

Brunn[225] und Overbeck[226] mit der Plinius-Notiz 35, 134 über das *Phylarchum* genannte Bild des Athenion in Eleusis verbunden worden. Der attische Phylarch Olympidoros war in mehreren Unternehmungen gegen die Makedonen in Athen zwischen 307 und 287 erfolgreich[227] und wurde dafür unter anderem auch mit einem Gemälde in Eleusis geehrt. Da nicht mitgeteilt wird, welche der Leistungen des Feldherrn die Grundlage für die besondere Ehrung in Eleusis war, ist ein genaueres Datum nur dann gegeben, wenn man annimmt, dass es ein Erfolg für Eleusis war, der ebendort geehrt wurde. Von einem solchen berichtet Pausanias an der gleichen Stelle I 26,3: »Da die Makedonen Einfälle nach Eleusis machten, stellte Olympiodoros die Eleusinier zur Schlacht auf und besiegte die Makedonen«.

Was das Datum dieser Schlacht angeht, so ist Pausanias leider vage. Er kommt darauf im Zusammenhang mit der Wiedereroberung des Piräus und von Mounichia von der Makedonischen Besatzung zu sprechen, welche 300/299 datiert ist. Da Athenion in seinem kurzen Leben noch Nikias, der um 300 verstorben ist, gekannt hat, gehen wir von dem frühen Datum für sein Gemälde der Ehrung des Olympiodoros in Eleusis bald nach 299 aus. Auf jeden Fall datiert diese Ehrung Athenion in die zwanzig Jahre um die Jahrhundertwende, innerhalb derer der jung Verstorbene vielleicht nur ein Jahrzehnt tätig war. Es ist also nicht so wichtig, wie man die zur Verfügung stehenden Quellen im Detail interpretiert, weil dies an der Zeitstellung des Athenion um 300 nichts ändert.

Die drei weiteren von Plinius erwähnten Gemälde des Athenion können nicht mit irgendwelchen überlieferten Bildern in Zusammenhang gebracht werden. Das Syngenicon darf man sich vielleicht wie das Bild von Verwandten auf attischen Grabstelen vorstellen, deren Produktion aber durch das Luxusgesetz von 317 endet. Auch die bemalten Grabstelen von Demetrias-Pagasai werden zum Vergleich genannt[228], allerdings haben sie nur sehr wenige Figuren, wäh-

---

225 Brunn, Heinrich, Geschichte der griechischen Künstler. Die Maler. Die Architekten. Die Toreuten. Die Münzstempelschneider. Die Gemmenschneider. Die Vasenmaler (Stuttgart 1889) 295.

226 SQ Nr. 175.

227 Gärtner, Hans: *Olympiodoros 1.* in: Der Kleine Pauly 4, 1972, Sp. 289; Taylor, Martha C. When the Peiraieus and the City are Reunited, in: Zeitschrift für Papyrologie und Epigraphik 123, 1998, 207-212; Dreyer, Boris, Olympiodoros [1], in: Der Neue Pauly 8, 2000, 1186f.

228 Graeve, Volkmar von, Der Zeugniswert der bemalten Grabstelen von Demetrias

rend beim vierten von Plinus erwähnten Gemälde des Athenion darauf hingewiesen wird, dass es sechs Figuren enthielt. Auch hier ist eine Vorstellung, um was es sich gehandelt haben könnte, nicht wirklich zu gewinnen.

Zum sechsten Bild, dem Reitknecht mit Pferd, haben wir schon darauf hingewiesen[229], dass der Versuch von Six (1921) 5, den Perser im Alexandersarkophag damit in Zusammenhang zu bringen, unter anderem schon aus chronologischen Gründen[230] nicht möglich ist. Es bleibt also auch hier bei einem Non liquet.

Das einzige Bild, das Athenion von Maroneia einem Interessierten nahebringen kann, ist demnach das ausführlich behandelte von Achilleus auf Skyros (Abb. 20 und 21).

Im Zusammenhang mit diesem Bild wird immer wieder auf die Erwähnung der Episode bei Statius, Achilleis I 874–881 hingewiesen[231].

.... iam pectus amictu
laxabat, cum grande tuba sic iussus Agyrtes
insonuit; fugiunt disiectis undique donis
inplorantque patrem commotaque proelia credunt.
illius intactae cecidere a pectore vestes,
iam clipeus breviorque manu consumitur hasta.
– mira fides – que umeris excedere visus
Aetolumque ducem. ...

.... Schon machte frei er die Brust vom Gewande,
als mit der großen Tuba, wie ihm befohlen, Agyrtes
blies. Sie verstreuten überall hin die Geschenke und fliehen;
Flehen zum Vater, sie glauben, es sei ein gefährlicher Angriff.
Jenem dort fielen, ohn' dass er hin griff, vom Körper die Kleider.
Schon sind der Schild und die kurze Lanze gepackt mit den Händen.
– Wunderbar –, selbst den Helden aus Ithaka überragt er
und den Fürsten der Aetoler. ...

---

für die griechische Malerei, in: La Thessalie CMO, Arch.2 (Lyon1979).

229 Siehe oben Anm. 224.

230 Der Alexandersarkophag in Istanbul ist noch in die 20er Jahre des 4. Jahrhunderts v. Chr. zu datieren: Bol, Renate, Alexander oder Abdalonymos?, Antike Welt 31, 2000, 585-599, besonders 595.

231 Zum Beispiel B. Alexandrescu (2007). Statius hat wegen seines frühen Todes nur das erste Buch seiner Achilleis vollenden können. Auch Goethe hat nur das erste Buch seines Epos Achilles vollendet, wenn auch aus anderen Gründen.

So erstaunlich es ist, man gewinnt aber, je mehr man darüber nachdenkt, den unabweislichen Eindruck, dass Statius beim Verfassen dieser Zeilen das Bild von Athenion von Maroneia oder eine Adaption desselben wie diejenige aus der Casa dei Dioscuri (Abb. 21) vor Augen hatte. Diese selbst war seit 79 nicht mehr zugänglich. Natürlich kann auch in Neapel eine Adaption dieses Bildes auf die Wand eines vornehmen Hauses gemalt und Statius zugänglich gewesen sein. Interessanter wäre es, wenn man annehmen dürfte, das Original des Athenion, das Plinius offenbar kannte, sei damals in Rom aufbewahrt gewesen. Dort hätte Statius es auch sehen und im Gedächtnis behalten können. Eine Bestätigung dafür geben die wenigen Nachrichten über den Maler aber nicht her. Dass es zwischen dem Bild und den hier wiedergegebenen Zeilen I 874–881 einen unmittelbaren Zusammenhang gibt, ist hingegen kaum zu bezweifeln.

Das bezeugen gerade Einzelheiten wie die Lockerung des Gewandes durch Achilleus selbst *pectus amictu laxabat*, das Trompetensignal des Agyrtes *insonuit grande tuba,* die Tatsache, dass der Name des Agyrtes nur an dieser Stelle überliefert ist; weiter die nicht mehr als Verkaufsware aufgestellten, sondern verstreut am Boden liegenden Geschenkartikel *disiectis donis*, welche die davonstürzenden Töchter des Lykomedes allenthalben = *undique* hatten fallen lassen. In den beiden Gemälden liegen sie wirklich hie und da hingeworfen am Boden, sie sind nicht mehr als Verkaufsware aufgestellt. Das muss auch im Original so oder so ähnlich gewesen sein. Hier muss man die Darstellung in beiden Bildern als Exzerpte aus dem Original verstehen und zusammen betrachten. Sehr wichtig ist auch die Zeitverschiebung: dass die Mädchen zuerst die Gaben verstreuten = *disiectis donis* das heißt wörtlich, nachdem sie die Gaben hatten fallen lassen, und dann fliehen = *fugiunt,* wie es im Bild zu sehen ist. Ihr Flehen = *inplorant* wird deutlich in der Armbewegung Deidameias in Abb. 21.

Eine besondere Bedeutung im Bild und in der Beschreibung hat das Gewand, das dem in Mädchenkleidern steckenden Achilleus, ohne dass er hingreift *intactae,* vom Leibe (genauer: *de pectore* von der Brust) fällt: *cecidere vestae*, sodass er trotz seiner weißen Haut als Mann ohne Busen erkennbar wird. Beschrieben wird auch der Griff des Helden *consumitur* nach den von Odysseus zum Verkauf ausgelegten Waffen, Schild und Speer: *clipeus breviorque hasta,* die das Bild zeigt, und vor allem die Tatsache, dass Achilles wirklich den Mann aus Ithaka = *Ithacum* und auch den als *Aetolum dux* bezeichneten Diomedes, die ihn am Arm packen, in der Schulterhöhe zu überragen scheint, wie man *umeris excedere visus* wörtlich übersetzen müsste, (was aber nicht in einen deutschen

Hexameter passt); das alles sieht man im Bilde und kann es knapper und poetischer kaum ausdrücken als Statius in diesen Versen, man versteht diese aber auch erst richtig, wenn man dabei das Bild betrachtet.

Eine Einzelheit sei noch einmal betont und hervorgehoben: Die Mädchenkleider fallen Achilleus von der Brust, ohne dass er hingreift, *intactae vestae.* Achilleus kann sie sich nicht vom Körper reißen, weil er mit beiden Händen nach den Waffen greift: *manu consumitur.* Andererseits ist es wichtig, dass seine Männerbrust entblößt wird, wie es besonders deutlich die Version Abb. 20 zeigt, weil man ihn sonst wegen der weißen Haut für ein Mädchen halten könnte. Auf dieses mit dem Wort *intactae* = unberührte dem Leser ins Bewußtsein gehobene Detail ist der Dichter wohl nur bei Betrachtung des auch in diesen Adaptionen wiedergegebenen Bildes gekommen. Dies erschien ihm so wichtig, dass er seine wenigen Verse schon damit einleitet: *iam pectus amictu laxabat* = die Brust lockerte er schon vom Gewand, obwohl jemand, der den Zusammenhang nicht kennt, auch denken könnte, Agyrtes lockerte sich das Gewand.

Was den Versuch angeht, den lateinischen Text in deutsche hexametrische Verse zu übertragen, so kann man an die Meinung von Bruno Snell erinnern: Mit der Übersetzung von griechischen oder lateinischen Hexametern sei es wie mit einer zu kurzen Decke: ob man oben oder unten zieht, immer bleibt etwas frei. Trotzdem kommt die verspielte Poesie eines Statius nur dann heraus, wenn man wenigstens den Versuch einer solchen Übersetzung wagt.

Die Zeilen I 874-881 der Achilleis des Statius sind offenbar eine *Descriptio*, eine Bildbeschreibung, wie sie von Philostratos (ca. 160–244) und seinem Enkel in den Eikones[232] zu einer literarischen Kunstform weiterentwickelt wurde.

Als solcher ist der Text des Statius aber etwas Besonderes. Die zahlreichen vorhergehenden Verse Achilleis I 819-874, welche davon handeln, wie Achilleus bei den Töchtern des Lykomedes in Mädchenkleidern verborgen wird, Odysseus und Diomedes sich mit dem Trompeter aufmachen und im Hof des Palastes auf der Insel Skyros sowohl allerlei Tand für die Mädchen als auch Waffen zum Verkauf ausbreiten, von denen die Mädchen annehmen, sie seien für ihren Vater bestimmt, sind gute epische Technik; auch das Gespräch des Odysseus

232 Philostratos, Die Bilder, hg und übertragen von Otto Schönberger München 1968, Würzburg 2007²; Leach, Elena Winsor: Narrative Space and the Viewer in Philostratos' Eikones, Mitteilungen des Deutschen Archäologischen Instituts Römische Abteilung 207, 2000, 237-251.

mit Achilleus Vers 866–874, das ebenfalls, wenn auch auf seine Weise[233], bei Ovid, Met. XIII 168–179 begegnet. Doch mitten in die ausführlich erzählte Geschichte sind bei Statius die knappen siebeneinhalb Verse Achilleis I 874–881eingefügt, die den Erfolg der List des Odysseus schildern. Und hier braucht man das Bild, um verfolgen zu können, was vor sich geht.

Das scheinen auch die angesehenen Herausgeber und Übersetzer einer englischen Ausgabe der Achilleis des Statius von 1954, O. A. W. Dilke und Robert W. Cowan, geahnt zu haben, wenn sie, allerdings ohne Athenion zu erwähnen, das Bild aus der Casa dei Dioscuri (Abb. 21) als Titelbild verwendeten. Sie hätten von der außerordentlich großen Zahl der Darstellungen dieses Mythos auch eine andere wählen können. Doch diese stimmt am besten mit dem Text überein.

Das ist das Ungewöhnliche an den Zeilen des Statius, dass sie dieses Bild Wort für Wort beschreiben. Vergleicht man seinen Text zum Beispiel mit Ovids Versen über die Befreiung der Andromeda durch Perseus[234] oder noch besser mit seiner ebenso kurzen Beschreibung der gleichen Szene, in der Odysseus Achilleus in Mädchenkleidern entdeckt, in den Metamorphosen XIII 166–170[235], dann bemerkt man den Unterschied. Ovid und gewiss auch schon sein literarisches Vorbild schildern jeweils den Vorgang in seiner zeitlichen Entwicklung. Statius erfasst einen Augenblick. Den gleichen, den auch Athenion gewählt hat.

---

233 Siehe unten Anm. 235.

234 Siehe oben S. 33.

235 Noch hatte der Held nicht die Jungfrauenkleidung / von sich geworfen, da sprach ich zu ihm, der Lanze und Schild schon / trug: »O Sohn einer Göttin! Dir spart das zu fallen bestimmte / Troja sich auf. Was zögerst Du noch, das mächtige zu stürzen« /. Lateinisch: *neque adhuc proiecerat heros/virgineos habitus, cum parmam hastamque tenent / »nate dea«, dixi »tibi se peritura reservant / Pergama! quid dubitas ingentem evertere Troiam?«* /.

Schluss

Ist es letzten Endes nicht doch ein vergebliches Unterfangen, eine Vorstellung von griechischen Meisterwerken der Malerei nach ihren römischen Adaptionen oder Kopien wiederzugewinnen, wie der angesehene Spezialist für dieses Thema, Roger Ling[236], unumwunden erklärt hat? Diese verbreitete Ansicht hat sich seit dem weitestgehend durchgesetzt. Aber ein so wundervolles Gemälde wie das Gemälde aus Herculanum (Abb. 8), das die Tragödie von Admet und Alkestis vorstellt, als Apollo ihnen den Spruch der Schicksalsgöttinnen verkündet, ist nur verständlich, wenn man darin das andernfalls unwiederbringlich verlorene griechische Meisterwerk durchscheinen sieht.

Wer das auf Anhieb gesehen hat, war Rainer Maria Rilke, der sein am 7.–9. September 1907 in Capri verfasstes Gedicht ›Alkestis‹ quasi als Beschreibung dieses offenbar kurz zuvor im Nationalmuseum von Neapel von ihm betrachteten Gemäldes verfasst hat. Diese dichterische Verarbeitung eines tiefen Eindrucks wird hier in Kapitel 6 zum ersten Mal eingehend behandelt. Das allein lohnte schon die erneute Betrachtung pompejanischer Bilder, die den Verfasser ein Leben lang fasziniert haben. Wenn man sich in diese Gemälde vertieft, bestätigt sich keineswegs die Ansicht, die Frage nach den griechischen Vorbildern sei *futile*, zu Deutsch: aussichtslos.

Das zeigt in überraschender Weise auch die bisher von niemandem beobachtete Darstellung eines Nimbus um das Haupt der weiblichen Figur, die der Alkestis in Abb. 8 und 9 schwesterlich verwandt ist. Es ist Aphrodite, von der wir eine Detailansicht als Umschlagbild gewählt haben. Hier sieht man den zarten Nimbus der Göttin sehr deutlich.

Der Weg zu Ergebnissen ist und bleibt gemäß den schlichten Worten eines unvergessenen[237] Meisters der Kunstgeschichte, Adolfo Venturi: »Anschauen und wiederum anschauen«.

Es gibt noch weitere Überraschungen: Ein griechischer Maler spätklassischer Zeit, Athenion von Maroneia, den Plinius für unvergleichlich hielt, war so gut wie vergessen. Das in Kapitel 14 behandelte Bild von Achilleus auf Skyros un-

236 Siehe oben S. 10.

237 Masi, Alessandro, »Adolfo Venturi. La memoria dell'occhio e il rigore della storia«, in Masi, Alessandri, hg, L'occhio del critico. Storia dell'arte in Italia tra Otto e Novecento (2008) 27-40.

ter den Töchtern des Lykomedes, das von seiner Bedeutung zeugt, ist in zwei gut erhaltenen Adaptionen pompejanischer Gemälde (Abb. 20 und 21) und zwei verkürzten Varianten[238] überliefert. Sie führen vor Augen, welchen Rang der Einfallsreichtum des Athenion besaß. Dieser Maler tritt damit aus seiner Anonymität heraus. Deshalb hatte ich zunächst erwogen, seinen Namen zum Titel dieser Abhandlung zu wählen. Ich glaubte dies auch dem holländischen Archäologen Jan Six schuldig zu sein, dessen Forschungen von 1905, 1910 und 1911[239] schon der Ausgangspunkt für die Abhandlung über Apelles von Kolophon[240] waren. Warum es dann doch zu einem anderen Titel kam, habe ich im Vorwort erläutert.

Was die Namen in den Schriftquellen gerühmter Maler angeht, so waren bisher nur die Adaptionen von zwei in der schriftlichen Überlieferung erwähnten Werken des hochberühmten Malers Nikias von Athen aus der 2. Hälfte des 4. Jahrhunderts v. Chr. (Abb. 4 und 5) als solche unbestritten. Umstritten ist aber in der Wissenschaft deren Qualität. Hier kommt eine neue Betrachtung auch zu einer neuen Bewertung.

Die Argumente, die eine ebenfalls sehr eindrucksvolle Adaption eines Bildes von Herakles und seinem kleinen, von einer Hirschkuh genährten Sohn Telephos in der Einsamkeit Arkadiens (Abb. 6) als Kopie eines Gemäldes des berühmtesten griechischen Malers, Apelles von Kolophon, erweisen, haben die allgemein als vergeblich angesehene Suche nach Adaptionen griechischer Meisterwerke in römischen Gemälden ebenfalls als gewinnbringend erwiesen und die ganze Frage wieder aktualisiert. Hier kann als Nachtrag der als verschollen geltende, neuerdings wieder im Kunsthandel aufgetauchte Bronzeguss der Gruppe von Telephos unter der Hirschkuh von August Kiss abgebildet werden (Abb. A und B auf S. 44), der Goethe zum 85sten Geburtstag geschenkt werden sollte.

Einen besonderen Wert legt diese Abhandlung nach dem Vorgang über Apelles von Kolophon auf den Versuch, die pure Vermutung, dass ein bestimmtes pompejanisches Gemälde auf das Meisterwerk eines namentlich bekannten Meisters zurückzuführen sei, durch Argumente zu erhärten. Das ist nach Apelles und Athenion auch bei Artemon gelungen, von dem Plinius nicht weniger

238 Hodske (2007) 203 Taf. 97, 1-4.

239 Six (1905); Six (1910/1911).

240 Siehe oben Anm. 3.

als sechs Gemälde kannte[241]. Ein einziges, besonders interessantes mit Herakles und Deianeira ist offenbar in zwei Adaptionen überliefert (Abb. 18 und 19). Deren Interpretation lehrt, wie ergiebig die schon als *futile* angesehene Suche nach den griechischen Vorbildern ist. Als Übersetzung des englischen Wortes *futile* bieten die Lexika: nutz-, sinn-, zweck-, aussichtslos, vergeblich. Ist eines dieser Urteile in Bezug auf die hier behandelten Fragestellungen zutreffend? Die Antwort könnte lauten: Kopien zu suchen führt tatsächlich in eine Sackgasse. Der Begriff Adaption[242] ist hingegen fruchtbar.

Auch wenn es beim gegenwärtigen Stand der Überlieferung nicht möglich ist, weitere römisch-kampanische Adaptionen griechischer Vorbilder mit bestimmten, in den Schriftquellen begegnenden Namen wie Aetion, Melanthios. Nikomachos oder anderen in Verbindung zu bringen, so kann man durch die erneute Betrachtung zum Beispiel des in vier Farben gemalten Liebespaares Ares und Aphrodite (Abb. 11), der Aldobrandinischen Hochzeit (Abb. 12), des ergreifenden Gemäldes (Abb. 13) mit Achilleus, der sich gezwungen sieht, seine geliebte Briseis den Herolden Agamemnons zu übergeben, oder den farbig besonders interessanten Bildern aus der Südwestexedra des Hauses der Vettii in Pompeji (Abb. 14-16) neue Einsichten in die griechische Kunstgeschichte spätklassischer Zeit gewinnen. Dabei konnten in meiner Dissertation[243] vertretene Aussagen aufgrund inzwischen erfolgter Forschungen korrigiert werden.

241 Magi (1958).

242 Der Begriff »Adaption« wird neuerdings besonders häufig verwendet, wenn man von der Aneignung früherer Schöpfungen für die eigene Zeit und Tätigkeit spricht. Zum Beispiel gebraucht Wolf Biermann den Begriff in seinem neuen Buch »Fliegen mit fremden Federn. Nachdichtungen und Adaptionen« im Verlag Hoffmann und Campe (Hamburg 2013), um die deutschsprachige Anverwandlung von älteren Dichtungen der Kreuzfahrerzeit des 13. Jahrhunderts, der Dichter Alexander Pope, Robert Burns, Louis Aragon, Bertold Brecht und zahlreicher anderer treffend zu bezeichnen. Wenn man diese großen Dichtungen, gesetzt den Fall, nur durch die Adaptionen Wolf Biermanns kennen würde, könnte man sich deren Schönheit gleichwohl erfreuen trotz der persönlichen Einbringungen des modernen Liedermachers, so wie es auch mit den vorausgesetzten griechischen Urbildern römisch-kampanischer Gemälde möglich ist. Biermann will frühere Dichtungen in vergleichbarere Weise für sich und seine Zeitgenossen erlebbar machen, sie adaptieren, so wie die Maler in Rom und Pompeji es mit den griechischen Gemälden ausführen wollen.

243 Andreae (1956) 62-65.

Dass gleichwohl nach wie vor Fragen offen bleiben, bezeugt die Untersuchung der Varianten des Herakliskos-Bildes Abb. 16 und 17. Hier könnten wohl nur überraschende Entdeckungen weiterführen.

Zu den wichtigsten neuen Entdeckungen auf dem Gebiet der großen griechischen Malerei der zweiten Hälfte des 4. Jahrhunderts v. Chr. zählt die Ausgrabung des gewaltigen Grabhügels von Vergina-Aigai[244]. Sie hat der Welt das mit 5,56 m Länge und 1,12 m Höhe flächenmäßig größte griechische Gemälde wiedergeschenkt, das man erst nach der für die Ausstellung »Zurück zur Klassik«[245] angefertigten digitalen Rekonstruktion durch Andreas Hicke, Chrysoula Saatsoglou, Vinzenz Brinckmann und Ulrike Koch-Brinckmann besser beurteilen kann. Eine Replik dieser Rekonstruktion war vom 23. März bis zum 3. November 2013 auch in einer Archäologischen Landesausstellung »Alexander der Große. Herrscher der Welt« im Ausstellungszentrum Lockschuppen in Rosenheim zu sehen[246]. Da dieses Bild offenbar von Alexander III. dem Großen für die Fassade des Grabes seines 336 ermordeten Vaters Philipp II. in Auftrag gegeben wurde, hat dieses Originalgemälde ein fixes Entstehungsdatum, das für die Geschichte der spätklassischen Malerei bedeutungsvoll ist. Es zeigt unter anderem ein verkürzt dargestelltes in den Hintergrund sprengendes Pferd mit zur Seite geworfenem Kopf, das ähnlich im Alexandermosaik begegnet[247] und auch mit dem rechten Gespannpferd im Gemälde von Herakles und Deianeira (Abb. 21) vergleichbar wiederkehrt.

Die Zeitstellung des Jagdgemäldes vom Philippsgrab widerspricht den Ergebnissen dieser Abhandlung ebenso wenig wie die zahlreichen anderen originalen Gemälde aus Makedonien[248] den für die Vorbilder der römisch-kampanischen Adaptionen vorgeschlagenen Datierungen oder dem überlieferten Zeitansatz der spätklassischen Maler Nikias (2. Hälfte 4. Jahrhundert), Apelles (ca. 370–300), Artemon (viertes Viertel 4. Jahrhundert) und Athenion von Maroneia (Wende vom 4. zum 3. Jahrhundert).

---

244 Andronicos, Manolis, Vergina: The royal tombs and the ancient city. Translation Louise Turner (Athen 1984).

245 Brinkmann (2013).

246 Gebhard, Rupert; Rehn, Ellen; Schulze, Harald hg, Alexander der Große. Herrscher der Welt (Darmstadt 2013).

247 Andreae (2003) 62.

248 Brekoulaki/Perdikatsis (2002); Brekoulaki (2006); Brekoulaki (2011).

Bei der für diese Abhandlung gewählten Abfolge der Bilder war die bewährte Methode einer Anordnung in einer denkbaren chronologischen Abfolge leitend. Am Anfang stehen Bilder (Abb. 2-5) mit wenigen Figuren. Sie können in ihrer originalen Zeitstellung möglicherweise noch vor dem Jagdgemälde von VERGINA[249] angesetzt werden. In ihnen begegnen noch keine Glanzlichter wie im Jagdgemälde der mittleren dreißiger Jahre des 4. Jahrhunderts. Spätestens seit dem Telephos-Bild des Apelles (Abb. 6), in dem mit den Tieren und dem Fruchtkorb bereits neun *Signa*, wie PLINIUS 35,134 die Figuren in einem Bild des Athenion nennt, sind die Glanzlichter so ausgeprägt, dass man den Eindruck hat, die Freude an dieser neuen Bereicherung der Malerei sei noch ganz frisch. Wir haben für dieses Bild eine Datierung um 330 v. Chr. vorgeschlagen.

In die gleiche Zeit wird man auch die verwandten Kompositionen der Hochzeit von Zeus und Hera (Abb. 7) und Alkestis und Admet (Abb. 8 und 9) datieren dürfen.

Die Liebe von Ares und Aphrodite (Abb. 10) ist wohl etwas später anzusetzen, wenn sie auch als Vierfarbenmalerei gewiss noch geraume Zeit vor dem Jahrhundertende zu datieren ist. Abb. 11 ist gegenüber der nach Abb. 10 vorstellbaren Originalfassung so stark verändert, dass sie keine zusätzlichen Datierungskriterien abgibt.

Ebenfalls in die Spätzeit Alexanders des Großen († 323), gewiss noch vor das um 300 datierte Vorbild des Alexandermosaiks gehört der Zorn des Achilleus (Abb. 13). Dessen Kopf ist unmittelbar mit den Bildnissen Alexanders d. Gr. zu vergleichen.

Für das Vorbild der Mittelszene der Aldobrandinischen Hochzeit (Abb.12) wage ich keine Datierung aufs Jahrzehnt anzugeben. Diese Szene wurde aber neben das Bild vom Zorn des Achilleus (Abb. 13) gestellt, damit man feststellen kann, in wie weit die beiden Kompositionen Vergleichbarkeiten aufweisen. Aus inhaltlichen Gründen ist das Vorbild ja sowieso noch in spätklassische Zeit zu datieren.

Die Gemälde aus der Südwestexedra des Vettier-Hauses in Pompeji, insbesondere Abb. 14 und 15 wurden seit den Untersuchungen von RODENWALDT (1909) bis zu PAPPALARDO (2009) so häufig behandelt, dass kaum noch etwas Neues dazu herauszufinden war und wir uns kürzer fassen konnten als bei den

249 Siehe S. 116 f.

anderen Bildern. Da ich mich zu diesen Bildern aber schon früher[250] geäußert hatte und nach den neueren Studien Korrekturen angebracht waren, wollte ich nicht darauf verzichten. Sie zählen wie das auf ein Original von Artemon zurückgeführte Bild von Herakles und Deianeira (Abb. 19) zu den spätesten hier behandelten Kompositionen spätklassischer Zeit und sind wohl schon unmittelbar nach der Jahrhundertwende zu datieren.

Wenn die Abhandlung mit dem berühmten, aber fast völlig vergessenen Athenion von Maroneia endet, so legte die Entscheidung dafür die Tatsache nahe, dass dieses Bild ein ungewöhnlich exaktes Entstehungsdatum unmittelbar nach 299 hat und damit einen Fixpunkt bildet.

Schließlich noch ein Wort zum Inhalt der betrachteten Gemälde. Sie stellen am liebsten große griechische Helden und mythische Liebespaare vor Augen. Die Helden sind traditionsgemäß: Achilleus (Abb. 1, 13, 20/21, Theseus (Abb. 2/3), Perseus, der auch zur zweiten Gruppe der Liebespaare gehört (Abb. 4), Herakles (Abb. 6, 16, 17, 18/ 19), Amphion und Zethos (Abb. 14), Pentheus (Abb. 15); die mythischen Liebespaare: Io, eine umher getriebene Geliebte des Zeus (Abb. 5), Zeus und Hera (Abb. 7), Alkestis und Admet (Titelbild, Abb. 8/9), Ares und Aphrodite (Abb. 10/11), Dionysos und Basilinna (Abb. 12). Liebesverwicklungen bieten auch die Heldenbilder Abb. 4, 6, 18/19.

Die griechische Kultur, die Paideia[251] war auch für die römischen Bürger der Städte am Vesuv ein Faszinosum. Das zeigt sich auch darin, dass in den behandelten Gemälden Themen gestaltet sind, die gleichfalls literarische Werke der Griechen behandeln, welche ihrerseits auch römische Dichter, darunter besonders Ovid beeinflusst haben. Deshalb wurden bei der Betrachtung der einzelnen Bilder auch poetische Darstellungen der gleichen Inhalte herangezogen, die zu einem vertieften Verständnis der Ikonik, der Sprache der Kunst, der dramatischen Handlungskonzentration im Bild[252] führen können.

---

250 Andreae (1956) 62-65; Andreae (1995).

251 Jaeger, Werner, Paideia. Die Formung des griechischen Menschen (Berlin/New York 1989).

252 Westerkamp, Dirk, Der dramatische Moment. Fünf Reflexionen über ikonische Präsenz, in: Zeitschrift für Ästhetik und Allgemeine Kunstwissenschaft 58, 2013, Heft 1.

Literatur

Die folgenden Literaturangaben sind spezifisch für die vorliegende Abhandlung. Nicht alle Literaturangaben der Abhandlung der Akademie der Wissenschaften und der Literatur, Mainz, Jahrgang 2011, Nr. 2 (BERNARD ANDREAE, Apelles von Kolophon. Das Telephosbild aus Herculanum im antiken und modernen Kunsturteil) werden wiederholt. Sie gelten auch für die vorliegende, daraus hervorgegangene Abhandlung.

Alexandrescu (2007) = Alexandrescu, CRISTINA GEORGETA, ... cum grande tuba (...) Agyrtes insonuit (Stat. Achilleus. I 875 ff.). Ein Beitrag zur Ikonographie des Achilleus-Mythos: Der Tubicen in der Entdeckungsszene auf Skyros, in: GUNTRAM KOCH, Hg, Sarkophag-Studien 3 (Mainz 2007)

Allroggen-Bedel (2005) = ALLROGGEN-BEDEL, AGNES, »Malerey der alten Greichen“ und »verderbter Geschmack«. Die Wandmalereien in und aus Herculanum, in: Verschüttet vom Vesuv (2005) 153-165

Andreae (1956) = ANDREAE, BERNARD, Motivgeschichtliche Untersuchungen zu den römischen Schlachtsarkophagen (Berlin 1956, Rom 1964²)

Andreae (1962) = ANDREAE, BERNARD, »Igni et aqua accipi«. Zur Aldobrandinischen Hochzeit, in: Festschrift für ENGELBERT KIRSCHBAUM, Römische Quartalsschrift 57, 1962, 106-117

Andreae (1963) = ANDREAE, BERNARD, Die Sarkophage und die Wandmalereien in den Museen in Rom; in: WOLFGANG HELBIG, HERMINE SPEYER, Hg, Führer durch die öffentlichen Antikensammlungen Roms (HELBIG⁴ Tübingen 1963–1972) I (1963), II (1966), III (1969), IV (1973)

Andreae (1969) = ANDREAE, BERNARD, Römische Malerei, Römische Stuckdekorationen, in: Propyläen Kunstgeschichte, 2 Das Römische Weltreich (1969) 201-218

Andreae (1973, 1) = ANDREAE, BERNARD, Hg, Katalog der Pompeji-Ausstellung in Paris, Essen, Den Haag, Zürich, 1973/74: Pompeji, Leben und Kunst in den Vesuvstädten, 19. April – 19. August 1973 in Villa Hügel Essen (Recklinghausen 1973)

Andreae (1973, 2) = ANDREAE, BERNARD, Römische Kunst (Freiburg 1973, neubearbeitete Auflage 1999⁵) 650 S., 160 Farbtafeln, 900 Abbildungen

Andreae (1995) = ANDREAE, BERNARD, Der Farnesische Stier. Schicksale eines Meisterwerkes der pergamenischen Bildhauer Apollonios und Tauriskos von Tralleis (Freiburg 1995) 94 S. 27 Abbildungen

Andreae (1999) = Andreae, Bernard, Odysseus. Mythos und Erinnerung. Ausstellung im Haus der Kunst, München 1. Oktober 1998 – 31. Januar 1999 (Mainz 1999, 2000²) 400 S. 196 Abbildungen

Andreae (2001) = Andreae, Bernard, Skulptur des Hellenismus (München, Hirmer 2001) 253 Seiten , 208 Tafeln 169 Abbildungen

Andreae (2002) = Andreae, Bernard, Die neronischen Wandmalereien in der Villa der Poppaea von Oplontis, in: Pervertere: Ästhetik der Verkehrung. Literatur und Kultur neronischer Zeit und ihre Rezeption, Hg Luigi Castagna und Gregor Vogt-Spira (München 2002) 59-62, 5 Abbildungen

Andreae (2003, 2012²) = Andreae, Bernard, Die antiken Bildmosaiken (Mainz 2003, Darmstadt 2012²) 320 S. 310 Abbildungen

Andreae (2004) = Andreae, Bernard, Seleukos Nikator als Petzhétairos im Alexandermosaik, Mitteilungen des Deutschen Archäologischen Instituts Römische Abteilung 111, 2004, 69-82

Andreae (2008) = Andreae, Bernard, Luce, ombra, splendore. Una palinodia, in: Forma Vrbis, XIII 9, Settembre 2008, 10-20

Andreae (2011) = Andreae Bernard, Apelles von Kolophon. Das Telephosbild aus Herculanum im antiken und modernen Kunsturteil, Abhandlungen der Geistes- und naturwissenschaftlichen Klasse der Akademie der Wissenschaften und der Literatur Mainz 2, 2011

Andreae (2012) = Andreae, Bernard, Römische Kunst von Augustus bis Constantin I. (Darmstadt 2012) 316 S. 219 Abbildungen

Anguissola, Anna (2012) = Anguissola, Anna, »Difficillima imitatio«. Immagine e lessico delle copie tra Grecia e Roma (Rom 2012)

Baldassarre (2002) = Baldassare, Ida; Potrandolfo, Angela; Rouveret, Agnes; Salvadori, Monica, Römische Malerei vom Hellenismus zur Spätantike (Köln 2002)

Barceló (2007) = Barceló, Pedro, Alexander der Große (Darmstadt 2007)

Boardman (2001) = Boardman, John; The History of Greek Vases, Potters, Painters and Pictures (London 2001)

Borriello (1993) = Borriello, Maria Rosaria, La Pittura di Pompei. Testimonianze dell'arte romana nella zona sepolta dal Vesuvio nel 79 d. C. (Mailand 1993)

Borriello (1996) = Borriello, Maria Rosaria, La Casa del Poeta Tragico in: Abitare sotto il Vesuvio (1996) 97-101

Borriello (2008) = Borriello, Maria Rosaria; Guidobaldi, Maria Paola; Guzzo, Pietri Giovanni, Hg, ercolano. Tre secoli di scoperte (Neapel Electa 2008)

Bragantini (2001) = Bragantini, Irene, Quadri con la rappresentazione della storia di Admeto e Alcesti, MEFRA CXIII, 2001, 799-822

Bragantini (2009) = Bragantini, Irene; Sampaolo, Valeria, Hg, La pittura pompeiana Fotografie di Luigi Spina (Electa 2009) Schede: Florenza Grasso: FG, Lucia Rocco: LR

Brekoulaki/Perdikatsis (2002) = Brekoulaki, Hariklia, Ancient Painting on Macedonian Funerary Monuments, IV–III Centuries. A Comparitive Study of the Use of Color, in: Colour in ancient Greek Art and Architecture 700–31 B.C. Proceedings of the Conference held in Thessaloniki, 12–16 April 2000 (Thessaloniki 2002) 147-154

Brekoulaki (2006) = Brekoulaki, Hariklia, La peinture funéraire de Macédoine. Emplois et functions de la couleur IVe–IIe av. J.-C. (Paris 2006)

Brekoulaki (2011) = Brekoulaki, Hariklia, Painting at the Macedonian Court, in: Hercules to Alexander the Great. Treasures from the royal capital of Macedon, a Hellenic Kingdom in the age of democracy (Oxford 2011), 209-218

Brinckmann (2013) = Brinckmann, Vinzenz, Hg, Zurück zur Klassik. Ein neuer Blick auf das Alte Griechenland (Hirmer – Liebieghaus Skulpturensammlung Frankfurt 2013)

Cerulli Irelli (1990) = Cerulli Irelli, Giuseppina; Aoyagi, Masanori; De Caro, Stefano; Papplardo, Umberto, Hg, Pompejanische Wandmalerei (Stuttgart, Zürich 1990)

Collezioni Museo (1986) = Le collezioni del Museo Nazionale di Napoli: i mosaici, le pitture, gli oggetti di uso quotidiano, gli argenti, le terrecotte, i vetri, i cristalli, gli avori, a cura dell'Archivio Fotografico Pedicini I + II (Neapel 1986)

Curtius (1929) = Curtius, Ludwig, Die Wandmalerei Pompejis (Leipzig 1929 Nachdruck Hildesheim 1960)

Demandt (2009) = Demandt, Alexander, Alexander der Große, Leben und Legende (München 2009)

Descamps-Lequime (2007) = Descamps-Lequime, Sophie, Hg, Peinture et Couleur dans le monde grec antique. Actes du Colloque. Musée du Louvre, 10 et 27 mars 2004 (Paris 2007)

Donati (1998) = Donati, Angela, ROMANA PICTURA. La pittura romana dalle origini all'età bizantina (Electa 1998)

Elsner (2007) = Elsner. J., Roman Eyes: visuality and sujectivity in art and text (Princeton) 2007

Flashar (2000) = Flashar, Hellmut, Sophokles. Der Dichter im demokratischen Athen (München 2000)

Gallazzi (2008) = Gallazzi, Claudio; Kramer, Bärbel; Settis, Salvatore, Hg, Il Papiro di Artemidoro (Mailand 2008)

Gebhard (2013) = Gebhard, Rupert; Rehm, Ellen; Schulze, Harald, Hg, Alexander der Große. Herrscher der Welt (Darmstadt 2013)

Gengler (2000) = Gengler, O., Le Peintre Nikias chez Pausanias et IG II^2 3055, Zeitschrift für Papyrologie und Epigraphik 130, 2000, 143-146

Gschwantler (1975) = Gschwantler, Kurt, Zeuxis und Parrhasios: ein Beitrag zur antiken Künstlerbiographie (Wien 1975)

Heidel (2002) = Heidel, Britta, Thetis in der Schmiede des Hephaistos. Analyse römischer Kopien überlieferter griechischer Bildthemen und Kompositionen (München Ravensburg 2002)

Helbig (1868) = Helbig, Wolfgang, Wandgemälde der vom Vesuv verschütteten Städte Campaniens (Leipzig 1868)

Hodske (2007) = Hodske, Jürgen, Mythologische Bildthemen in den Häusern Pompejis. Die Bedeutung der zentralen Mythenbilder für die Bürger Pompejis (Stendal – Ruhpolding 2007)

Kakoulli (2008) = Kakoulli, Joanna, Greek Painting Techniques and Materials from the Fourth to the First Century BC. (London 2008)

Kemp-Lindemann (1975) = Kemp-Lindemann, Dagmar, Darstellungen des Achilleus in griechischer und römischer Kunst (Frankfurt 1975)

Koch (2000) = Koch, Nadja J., Techne und Erfindung in der klassischen Malerei. Eine terminologische Untersuchung (Studien zur antiken Malerei und Farbgebung 6, München 2000)

Koch-Brinckmann (1999) = Koch-Brinckmann, Ulrike, Polychrome Bilder auf weißgrundigen Lekythen. Zeugen der klassischen griechischen Malerei (München 1999)

Kreilinger (2007) = Kreilinger, Ulla, Anständige Nacktheit. Körperpflege, Reinigungsriten und das Phänomen weiblicher Nacktheit im archaisch-klassischen Athen. Tübinger Forschungen, hg Thomas Schäfer 2, 2007

Lauter-Bufe (1967) = Lauter-Bufe, Heide, Zur Stilgeschichte der figürlichen pompejanischen Fresken (Dissertation Köln 1967)

Lavagne (1995) = Lavagne, Henri; de Balanda, Elisabeth; Kribe Escheveria, Armando, Fotografie di Luciano Pedicini, Jeunesse de la beauté (ars latina 1995)

LIMC = Lexicon Iconographicum Mythologiae Classicae (Zürich, München 1981–1999, Supplementum Düsseldorf 2009)

Ling (1991) = Ling, Roger, Roman Painting (Cambridge University Press 1991)

Lippold (1951) = Lippold, Georg, Antike Gemäldekopien, AbhBayerAk NF. 33, 1951 (München 1951)

Lydakis (2007) = Lydakis, Stelios, La pittura greca antica, Echi e influssi (Rom 2007) Griechische Ausgabe 2002, Englische Ausgabe 2004

Magi (1958) = Magi, Filippo, Artemon, in: Enciclopedia dell'Arte Antica (1958)

Mazzoleni (2005) = Mazzoleni, Donatella; Pappalardo, Umberto, Pompejanische Wandmalerei (München Hirmer 2005)

Mielsch (2001) = Mielsch, Harald, Römische Wandmalerei (Darmstadt 2001)

Moormann (2012) = Eric M. Moormann, Eric M., Divine Interiors: Mural Paintings in Greek and Roman Sanctuaries. Amsterdam Archaeological Studies, 16. Amsterdam: Amsterdam University Press, 2012.

Mühlenbrock (2005) = Mühlenbrock, J.; Richter, D., Hg, Verschüttet vom Vesuv. Die letzten Stunden von Herculaneum. Katalog der Ausstellung in Westfalen-Lippe, Bremen, Berlin, (Mainz 2005)

Nava (2007) = Nava. Maria Luisa, Hg, rosso pompeiano. La decorazione pittorica nelle collezioni del Museo di Napoli e a Pompei (Electa 2007)

Pappalardo (2012) = Pappalardo, Umberto; Ciardiello, Rosaria, Griechische und römische Mosaiken (Hirmer München 2012)

Peters (1993) = Peters, W.J.Th., La Casa di Marcus Lucretius Fronto a Pompei e le sue pitture (Amsterdam 1993)

Plinius 35 = C. Plinii Secundi NATURALIS HISTORIAE Liber 35, Farben. Malerei. Plastik, Lateinisch-deutsch, hg und übersetzt von Roderich König in Zusammenarbeit mit Gerhard Winkler (Düsseldorf, Zürich 1997, 2007[3])

PPM = Pompei. Pitture e mosaici (Rom, Mailand 1990-2003)

PPP = Bragantini, Irene – M. De Vos – F. Parise-Badoni, Pitture e pavimenti di Pompei (Neapel 1981)

Roberts (2013) = Roberts, Paul, Life and death in Pompeii and Herculanum (The British Museum Press 2013)

Rodenwaldt (1909) = Rodenwaldt, Gerhard, Die Komposition der pompejanischen Wandgemälde (Berlin 1909)

Ruesch (1908) = Ruesch, A., Guida del Museo di Napoli (Neapel 1908)

Rouveret (2006) = Rouveret, Agnès; Dubel, Sandrine; Naas, Valérie, Hg, Couleurs et matières dans l'antiquité. Textes, techniques et pratiques (Paris 2006)

Schefold (1957) = Schefold, Karl, Die Wände Pompejis (Basel 1957)

Six (1921) = Six, Jan, Athenion von Maroneia, Mitteilungen des Deutschen Archäologischen Instituts, Römische Abteilung 36/37, 1921/1922, 1-13

Strocka (2006) = Strocka, Volker Michael, Aeneas, nicht Alexander! Zur Ikonographie des römischen Helden in der pompejanischen Wandmalerei, Jahrbuch des Deutschen Archäologischen Instituts 121, 2006, 269-315

SQ = Overbeck, Johannes Adolf, Die antiken Schriftquellen zur Geschichte der Bildenden Kunst (Leipzig 1868)

Varchi (2012) = Varchi, Benedetto, Paragone – Rangstreit der Künste. Italienisch und Deutsch. Hg, eingeleitet, übersetzt und kommentiert von Oskar Bätschmann und Tristan Weddigen (Darmstadt 2012)

Von Graeve (1979) = Von Graeve, Volkmar, Zum Zeugniswert der bemalten Grabstelen von Demetrias für die griechische Malerei, in: La Thessalie. Actes de la Table-Ronde, Lyon 21–24 Juillet 1975 (Paris 1979) 111-113

Waldner (2000) = Waldner, Katharina, Geburt und Hochzeit des Kriegers: Geschlechterdifferenz und Initiation in Mythos und Ritual der griechischen Polis. Religionsgeschichtliche Versuche und Vorarbeiten Band 46 (Berlin, New York 2000) 82-88

Walter – Karydi (2002) = Walter – Karydi, Elena, Color in Classical Painting, in: Colour in ancient Greek Art and Architecture 700–31 B.C. Proceedings oft he Conference held in Thessaloniki, 12–16 April 2000 (Thessaloniki 2002) 75-88

Zevi (1992) = Zevi, Fausto, Hg, Pompei I + II, Fotografie di Mimmo Jodice (Banco di Napoli 1992)

Abbildungen

Abbildungsnachweis:

Alle Abbildungen: Archiv des Autors. Außer Abb. A und B s. S. 44, sowie Pio Foglia Abb. 13-16, 20, 21 und Roberto Lucignani Abb. 3, 6-8, 17-19 .

(Abkürzung MANN = Museo Archeologico Nazionale di Napoli)

Umschlagbild: Aphrodite. Detail aus dem Gemälde Abb. 8 Alkestis und Admetos, aus Herculanum, 50–79 n. Chr., H 1,66 m L 1,45 m, Neapel, MANN Inv. 9027.

Abb. A und B auf S. 44: August Kiss, Bronzegruppe des Telephos mit der Hirschkuh, z. Z. bei Frank C. Moeller in Hamburg. Modell 1828, bis spätestens 1834 in der Plintenform und -oberfläche verändert sowie in der Haltung des Knaben und bei der leckenden Zunge der Hindin leicht verändert, in Bronze gegossen durch das Königliche Gewerbeinstitut zu Berlin, nicht ziselierte Bronze, dunkelbraun patiniert, silbertauschiert, Figurenhöhe 0,20.6 m, profilierte Terrainplinthe mit eingezogenen, halbrunden Schmalseiten 0,02.5 x 0,30.8 x 0,13.9 m, Gesamthöhe 0,23.1 m, Datum an der rechten Langseite mittig in Silber eingelegt: MDCCCIV.

Abb. 1: Der Kentaur Cheiron lehrt den Knaben Achilleus das Saitenspiel, Gemäldeausschnitt aus der Nordwand des Augusteums, der sogenannte Basilica, Herculanum, um 60 n. Chr., ausgegraben 1739, H 1,25 m L 1,27m, Neapel, MANN Inv. 910.

Abb. 2: Theseus und der Minotauros, Villa Imperiale, Pompeji Regio VIII A, ausgegraben 1947, um 10 v. Chr., am Ort.

Abb. 3: Theseus rettet die attischen Knaben aus dem Labyrinth des Minotauros bei Knossos auf Kreta, Ausschnitt eines Wandgemäldes aus dem Augusteum des Kaisers Nero (54–68), der sogenannten Basilica in Herculanum, Gegenstück zum Telephosbild Abb. 6, um 60 n. Chr., ausgegraben 1739, H 2,05 m L 1,80 m, Neapel MANN Inv. 9049.

Abb. 4: Perseus befreit die an den Felsen geschmiedete Andromeda, Gemäldeausschnitt aus der Casa dei Dioscuri, Pompeji Regio VI 9, 6, Peristylium (53), 62–79 n. Chr., ausgegraben 1826, H 1,20 m L 1,06 m, MANN Inv. 8998.

Abb. 5, 1-3: Argos bewacht Io, Mittelbild der nordwestlichen Eingangswand des Macellums in Pompeji Regio VII 9,7.8.19,42, um 70 n. Chr., ausgegraben 1818, H 0,72 m L 0,68 m, am Ort, weitgehend zerstört.
Abb. 5,1: Mittelbild im Zusammenhang mit der gemalten Scheinarchitektur, Aufnahme 1970.

Abb. 5, 2: Ausschnitt des Mittelbildes, Aufnahme September 2012.
Abb. 5, 3: dasselbe, Schwarzweißbild um 1900, s. o. Anm. 73.

Abb. 6: Herakles findet seinen von einer Hirschkuh ernährten Sohn Telephos im Parthenos-Gebirge von Arkadien, Gemäldeausschnitt aus dem Augusteum des Kaisers Nero (54–68), der sogenannten Basilica in Herculanum, um 60 n. Chr., ausgegraben 25. November 1739, H 2,18 m L 1,82 m. Neapel MANN Inv. 9008.

Abb. 7: Hochzeit Zeus und Hera, Gemäldeausschnitt aus der Casa del Poeta Tragico, Pompeji Regio VI 8, 3.5, 45–79 n. Chr., ausgegraben 1824, H 1,23 m L 1,29 m, Neapel, MANN Inv. 9559.

Abb. 8 und 9: Alkestis und Admet, Gemäldeausschnitt aus Herculanum, unbekanntes Gebäude, H 1,66 m L 1,45 m, um 50 n. Chr., MANN Inv. 9027.

Abb. 10: Ares und Aphrodite, Casa di P. Cornelius Tages, Pompeji Regio I 7, 19, ausgegraben 1912, H 0,94 m L 0,90 m, am Ort, fast zerstört.

Abb. 11: Ares und Aphrodite, Casa di M. Lucretius Fronto, Pompeji Regio V 4,a. 11, um 50 n. Chr., ausgegraben 1899, L 0,46 m H 0,45 m, am Ort.

Abb. 12, 1-3: Aldobrandinische Hochzeit, mythische Hochzeit des Gottes Dionysos mit einer auf dem Brautbett sitzenden irdischen Braut, (in römischer Verwandlung: Zu-Wasser-und-Feuer-Aufgenommen-Werden), aus der Wand geschnittenes Gemälde, L 2,42 m H 0,92 m , augusteisch, um die Zeitenwende, gefunden 1604-1605 bei Piazza Vittorio Emanuele in Rom, zunächst im Besitz von Kardinal Cintio Aldobrandini, seit 1818 Musei Vaticani, Bibliotheca Inv. 69631.

Abb. 13: Zorn des Achilleus, der Thronende Achilleus veranlaßt Patroklos, die weinende Briseis den links wartenden Herolden des Agamemnon zuzuführen, aus der Casa del Poeta Tragico, Pompeji Regio VI 8,3.5, 50–79 n. Chr., ausgegraben 1824, L 1,22 x H 1,27 m, Neapel, MANN Inv. 9105.

Abb. 14: Dirke wird von Amphion und Zethos unter den Dionysosstier geworfen, Mittelbild der Westwand der Südostexedra in der Casa dei Vettii, Pompeji Regio VI 15, 1,27, um 65 n. Chr. ausgegraben 1894, L 1,02 m H 1.11 m, am Ort.

Abb. 15: Pentheus von den Mänaden niedergerungen, Mittelbild der Nordwand der Südostexedra in der Casa die Vettii, Pompeji Regio VI 15, 1,27, um 65 n. Chr., ausgegraben 1894, L 1,00 m H 1,05 m, am Ort.

Abb. 16: Amphitryo sieht, wie das Kind Herakles die von Hera gesandten Schlangen mit bloßen Händen erwürgt, Mittelbild der Südwand der Südostexedra in der Casa dei Vettii, Pompeji Regio VI 15, 1,27, um 65 n. Chr., ausgegraben 1894, L 1,02 m H 1,03 m, am Ort.

Abb. 17: Amphitryo sieht, wie das Kind Herakles die von Hera gesandten Schlangen mit bloßen Händen erwürgt, aus Herculanum, unbekanntes Gebäude, um 50 n. Chr., L 1,38m H 1,32 m, 50–79, MANN Inv. 9012.

Abb. 18: Das gleiche Thema wie Abb. 19 mit der Abwandlung, dass Herakles den Kentauren schon vorab bestraft und ihm den Kopf niederstößt, aus der Casa di Giasone, Pompeji Regio IX 5,18-21, ausgegraben 1878, 65–79 n. Chr., L 1,25m, H 0, 95m, MANN Inv. 111474.

Abb. 19: Der Kentaur Nessos zeigt Herakles mit ausgebreiteten Armen die Tiefe der Furt im Fluß Eunone im Beisein Deianeiras auf dem Zweigespann und ihres gemeinsamen Sohnes Hyllos, um 50 n. Chr., aus der Casa del Centauro, Pompeji Regio VI 9,3, Tablino (26), ausgegraben 1827, L 1,15 x H 1,52m, Neapel, MANN Inv. 9001.

Abb. 20: Achilleus auf Skyros, aus der Casa di Achille, Pompeji Regio IX 5,2, um 62-79 n. Chr., ausgegraben 1877, L 1.00 m H 1,48 m, MANN Inv. 116085.

Abb. 21: Achilleus auf Skyros, aus der Casa dei Dioscuri, Pompeji VI 9,6-7, um 65 n. Chr., ausgegraben 1826, L 1,22 m H 1,30 m, MANN Inv. 9110.

Abbildungen

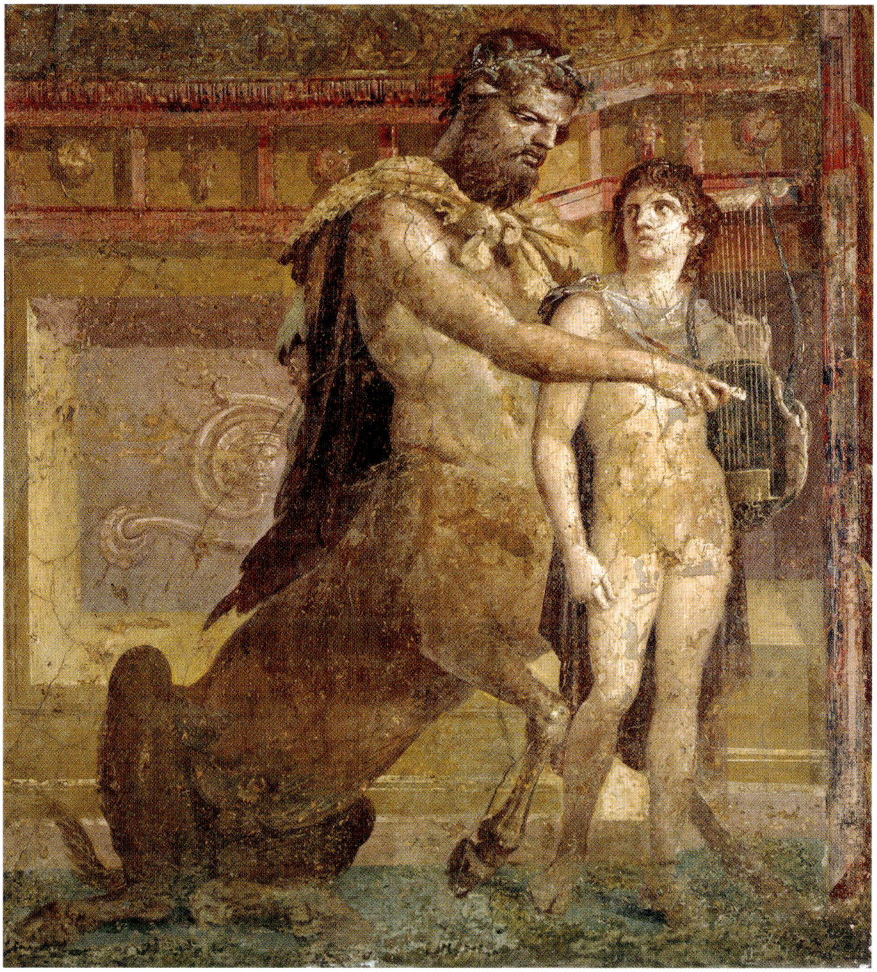

Abb. 1: Der Kentaur Cheiron lehrt den Knaben Achilleus das Saitenspiel, Gemäldeausschnitt aus der Nordwand des Augusteums, der sogenannte Basilica, Herculanum, um 60 n. Chr., ausgegraben 1739, H 1,25 m L 1,27m, Neapel, MANN Inv. 910.

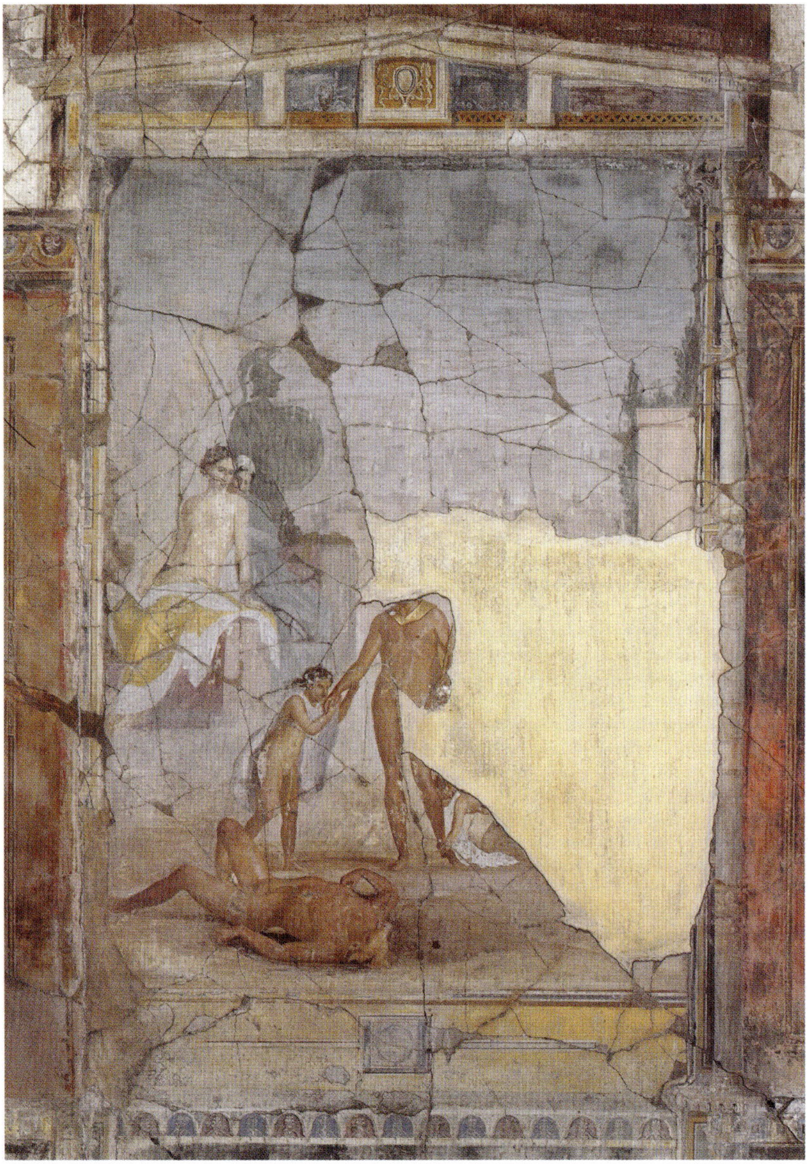

Abb. 2: Theseus und der Minotauros, Villa Imperiale, Pompeji Regio VIII A, ausgegraben 1947, um 10 v. Chr., am Ort.

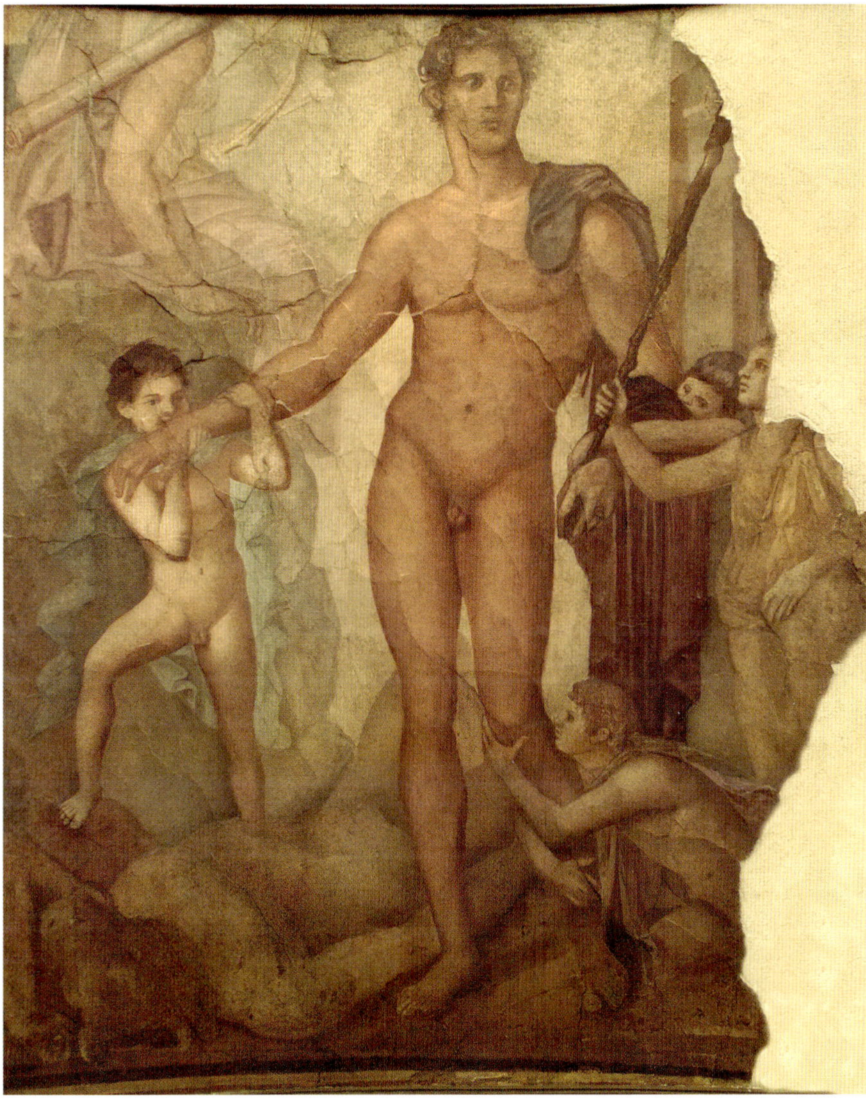

Abb. 3: Theseus rettet die attischen Knaben aus dem Labyrinth des Minotauros bei Knossos auf Kreta, Ausschnitt eines Wandgemäldes aus dem Augusteum des Kaisers Nero (54–68), der sogenannten Basilica in Herculanum, Gegenstück zum Telephosbild Abb. 6, um 60 n. Chr., ausgegraben 1739, H 2,05 m L 1,80 m, Neapel MANN Inv. 9049.

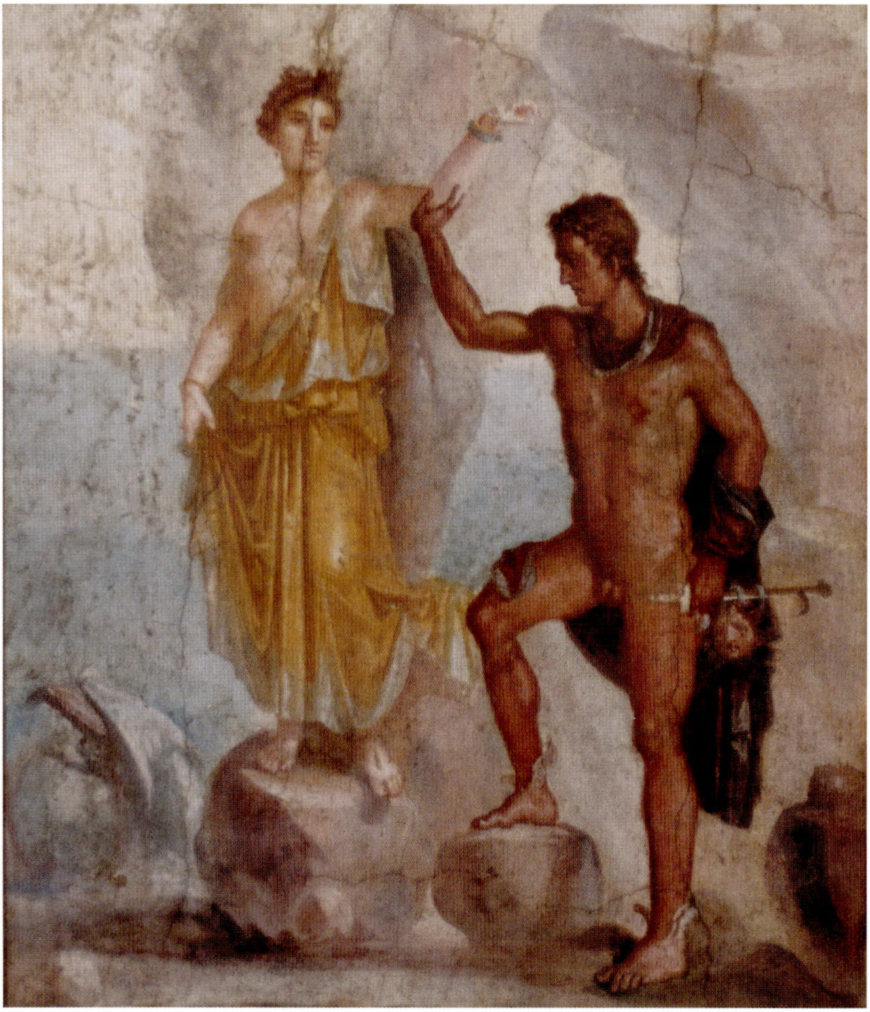

Abb. 4: Perseus befreit die an den Felsen geschmiedete Andromeda, Gemäldeausschnitt aus der Casa dei Dioscuri, Pompeji Regio VI 9, 6, Peristylium (53), 62–79 n. Chr., ausgegraben 1826, H 1,20 m L 1,06 m, MANN Inv. 8998.

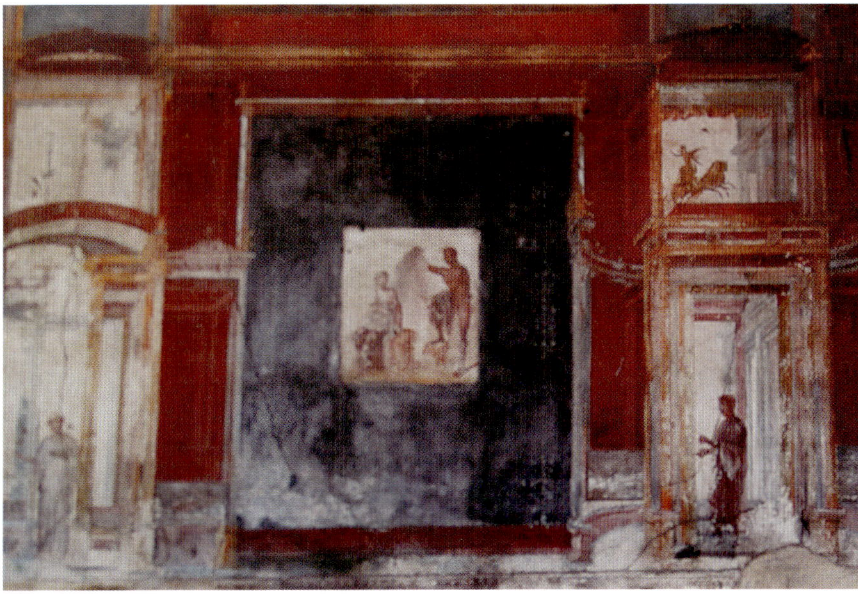

Abb. 5: Argos bewacht Io, Mittelbild der nordwestlichen Eingangswand des Macellums in Pompeji Regio VII 9,7.8.19,42, um 70 n. Chr., ausgegraben 1818, H 0,72 m L 0,68 m, am Ort, weitgehend zerstört. **Abb. 5, 1:** Mittelbild im Zusammenhang mit der gemalten Scheinarchitektur, Aufnahme 1970.

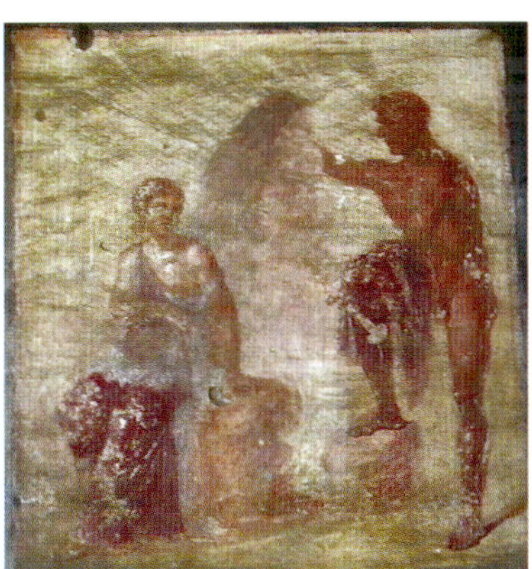

Abb. 5, 2: Ausschnitt des Mittelbildes, Aufnahme September 2012.

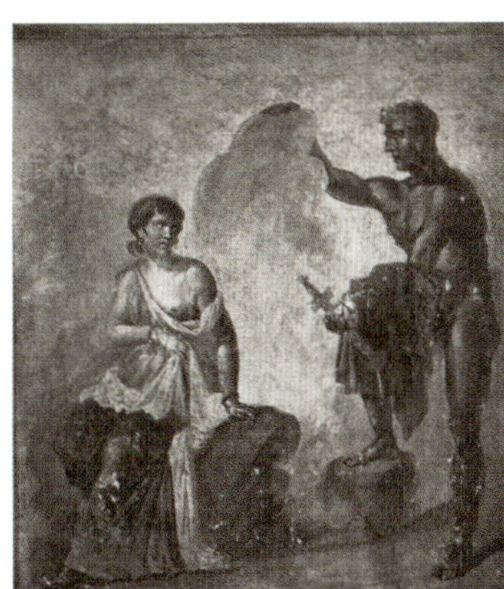

Abb. 5, 3: Dasselbe, Schwarzweißbild um 1900, s. Anm. 73.

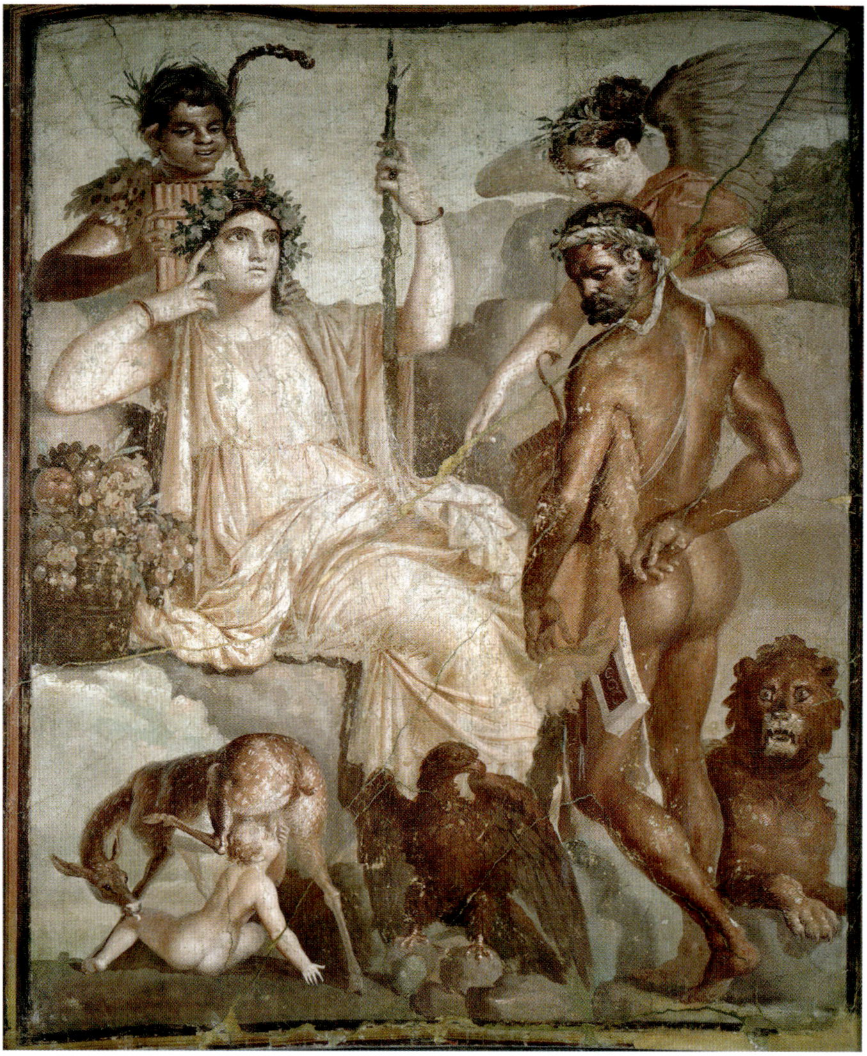

Abb. 6: Herakles findet seinen von einer Hirschkuh ernährten Sohn Telephos im Parthenos-Gebirge von Arkadien, Gemädeausschnitt aus dem Augusteum des Kaisers Nero (54–68), der sogenannten Basilica in Herculanum, um 60 n. Chr., ausgegraben 25. November 1739, H 2,18 m L 1,82 m. Neapel MANN Inv. 9008.

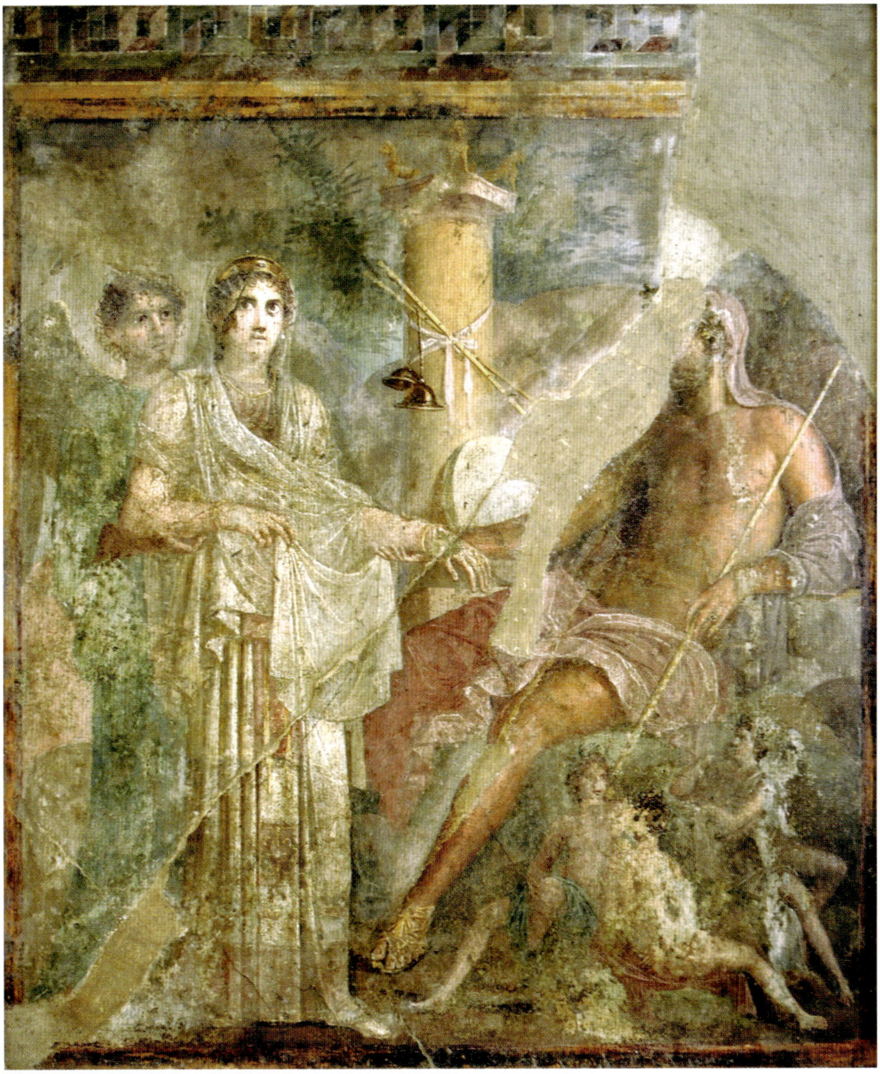

Abb. 7: Hochzeit Zeus und Hera, Gemäldeausschnitt aus der Casa del Poeta Tragico, Pompeji Regio VI 8, 3.5, 45-79 n. Chr., ausgegraben 1824, H 1,23 m L 1,29 m, Neapel, MANN Inv. 9559.

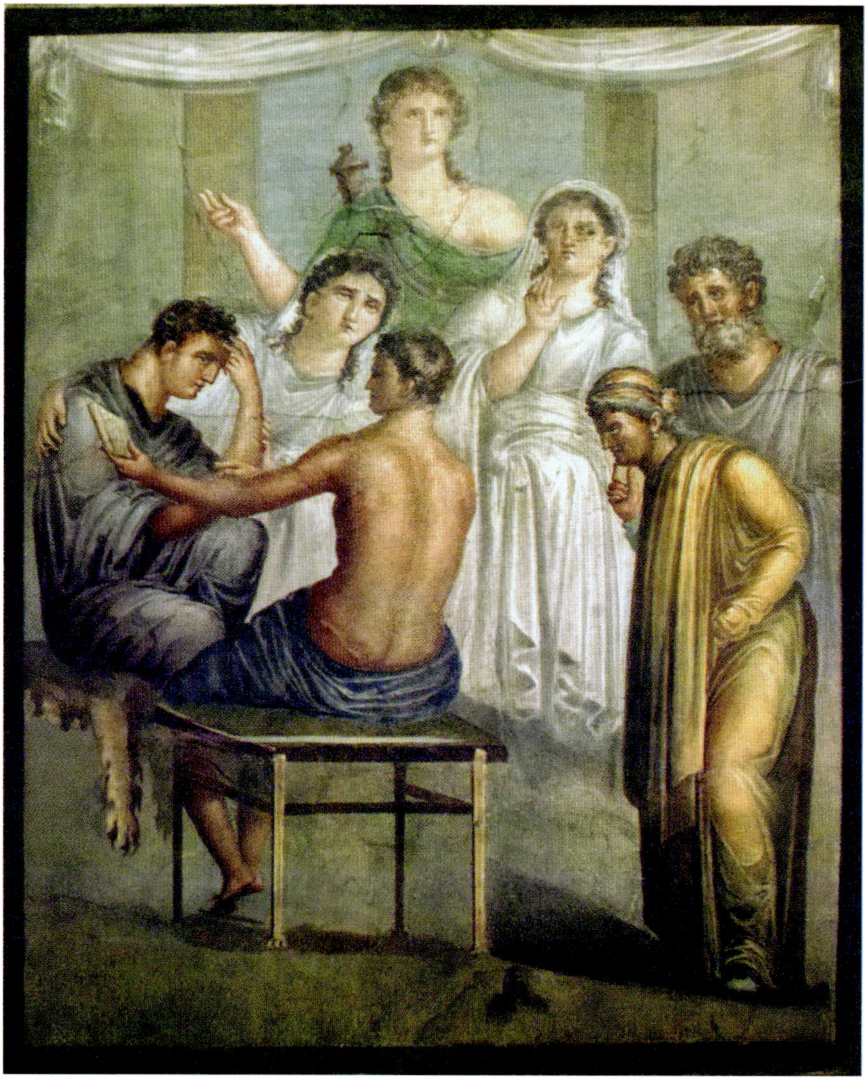

Abb. 8 und 9: Alkestis und Admet, Gemäldeausschnitt aus Herculanum, unbekanntes Gebäude, H 1,66 m L 1,45 m, um 50 n. Chr., MANN Inv. 9027.

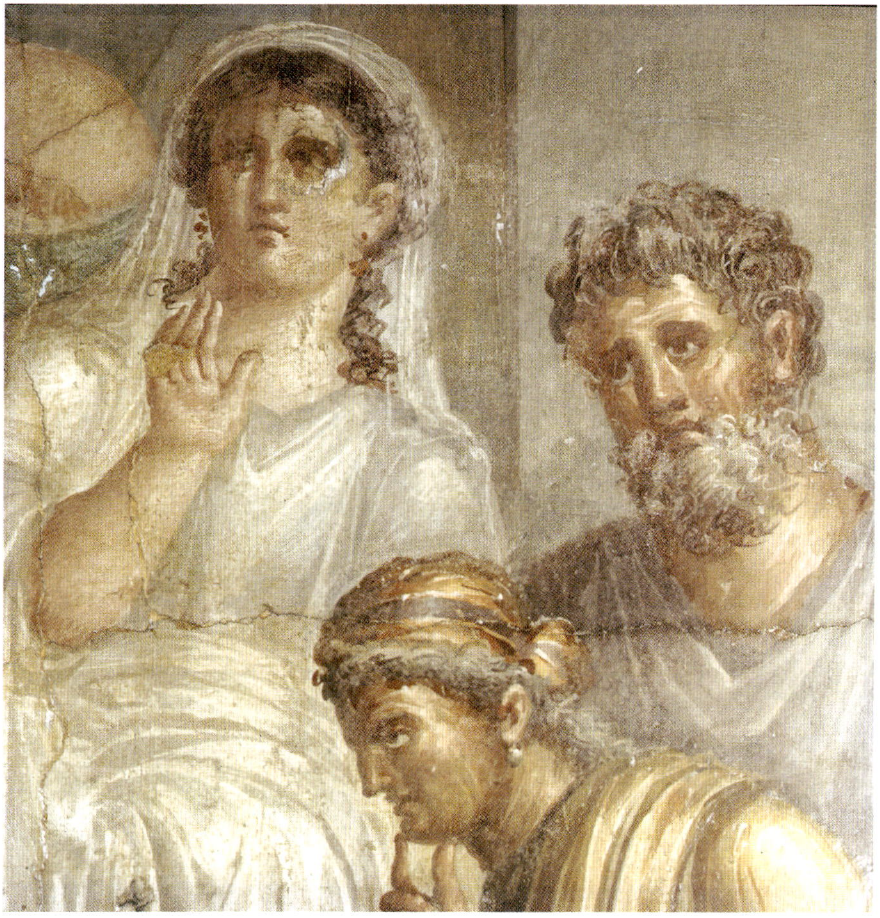

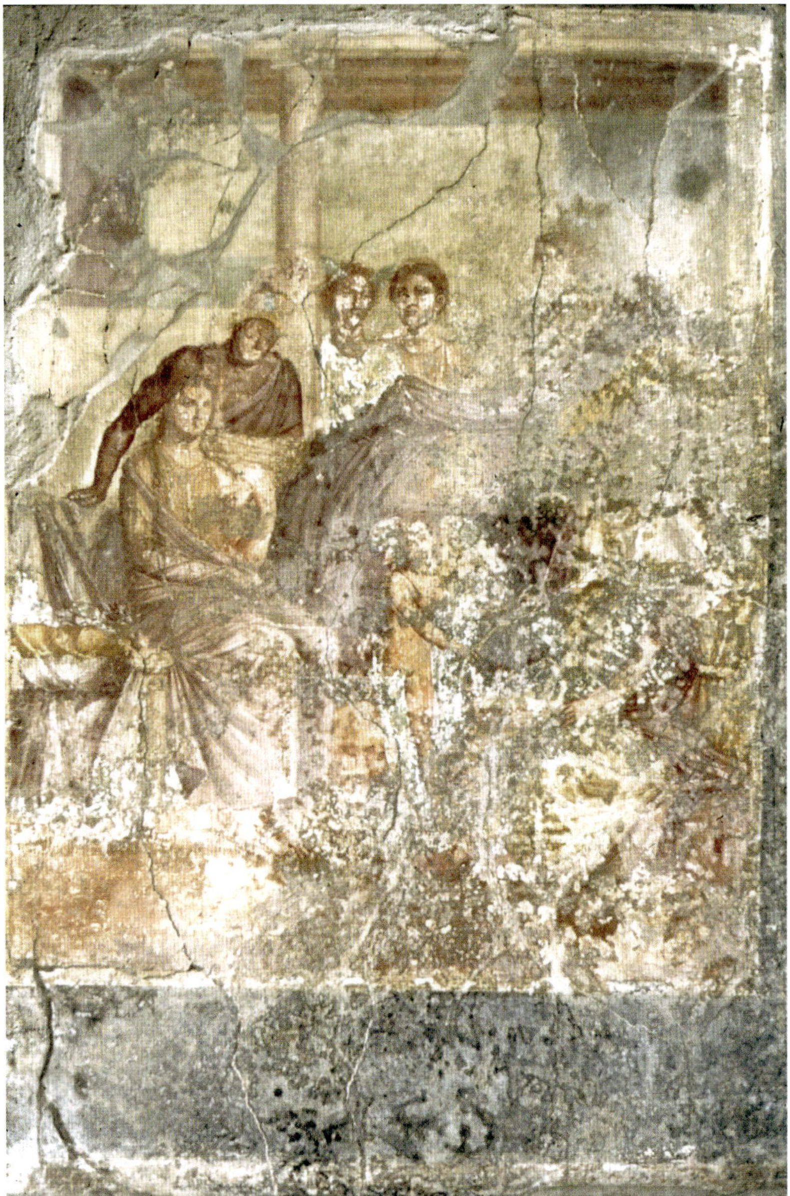

Abb. 10: Ares und Aphrodite, Casa di P. Cornelius Tages, Pompeji Regio I 7, 19, ausgegraben 1912, H 0,94 m L 0,90 m, am Ort, fast zerstört.

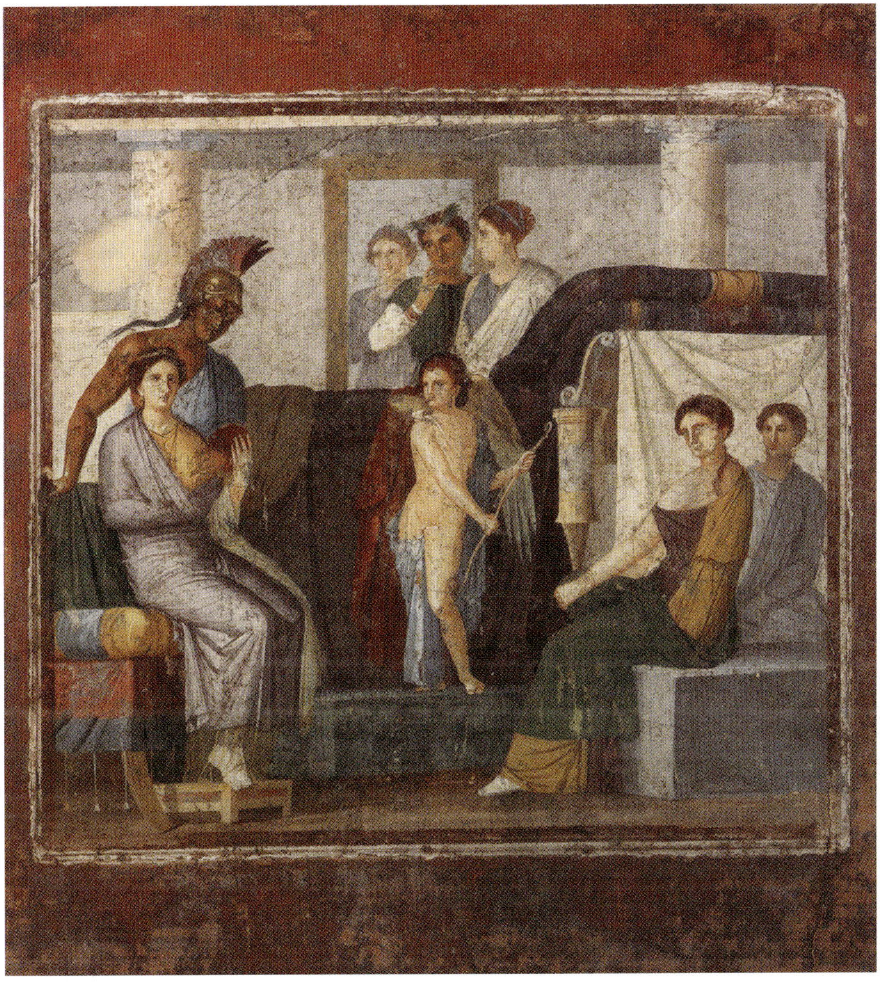

Abb. 11: Ares und Aphrodite, Casa di M. Lucretius Fronto, Pompeji Regio V 4,a. 11, um 50 n. Chr., ausgegraben 1899, L 0,46 m H 0,45 m, am Ort.

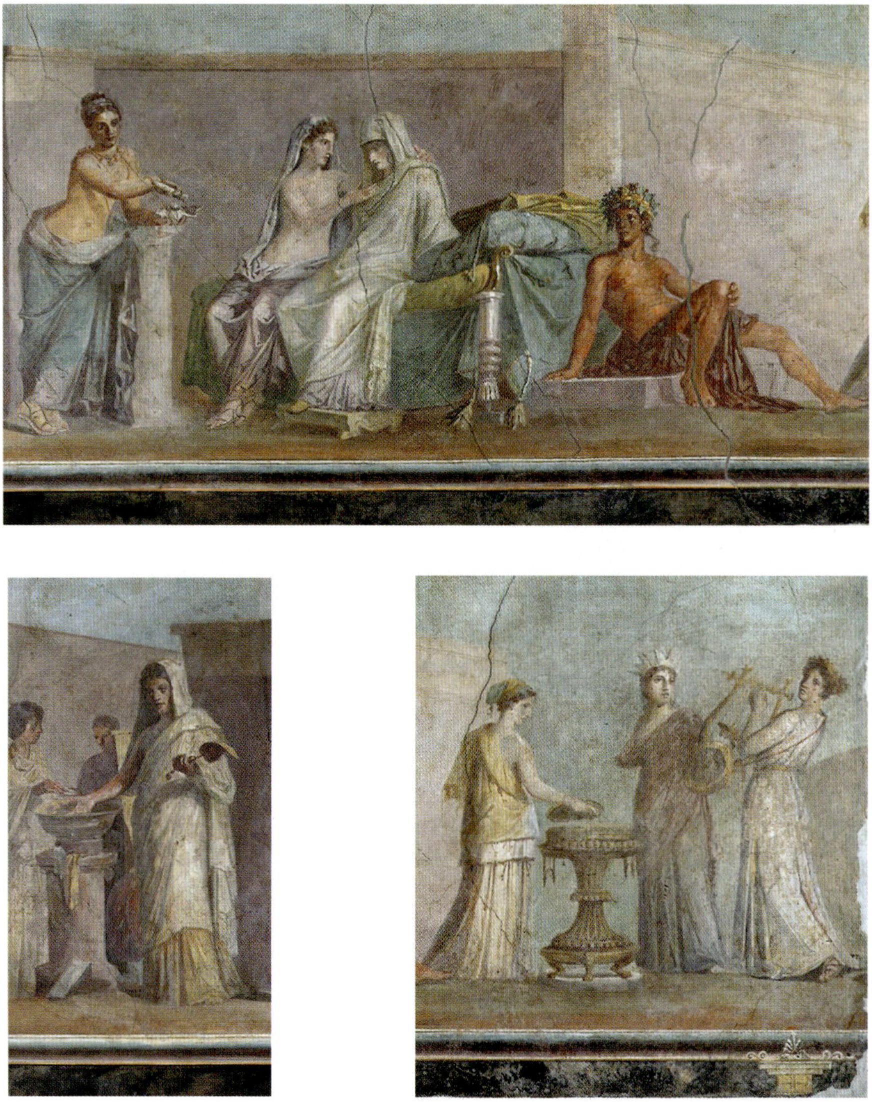

Abb. 12, 1-3: Aldobrandinische Hochzeit, mythische Hochzeit des Gottes Dionysos mit einer auf dem Brautbett sitzenden irdischen Braut, (in römischer Verwandlung: Zu-Wasser-und-Feuer-Aufgenommen-Werden), aus der Wand geschnittenes Gemälde, L 2,42 m H 0,92 m, augusteisch, um die Zeitenwende, gefunden 1604–1605 bei Piazza Vittorio Emanuele in Rom, zunächst im Besitz von Kardinal Cintio Aldobrandini, seit 1818 Musei Vaticani, Bibliotheca Inv. 69631.

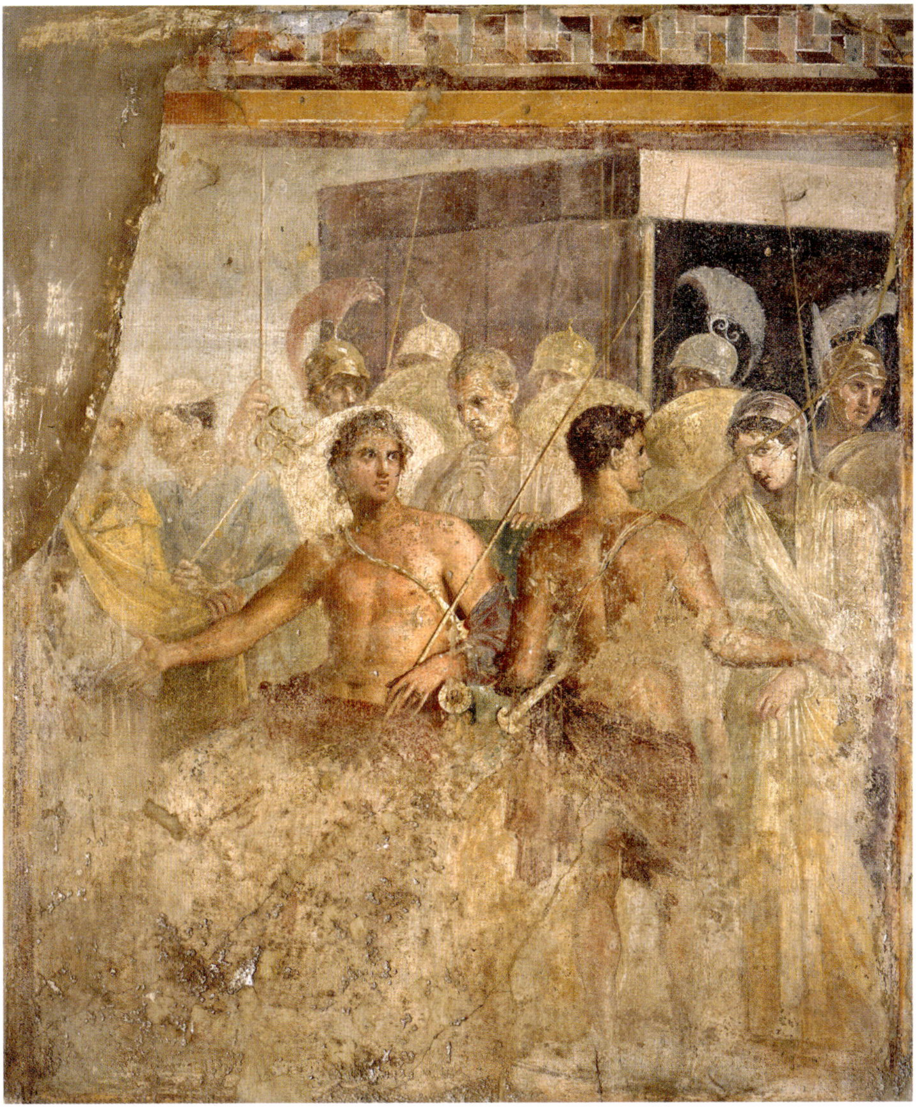

Abb. 13: Zorn des Achilleus, der Thronende Achilleus veranlasst Patroklos, die weinende Briseis den links wartenden Herolden des Agamemnon zuzuführen, aus der Casa del Poeta Tragico, Pompeji Regio VI 8,3.5, 50–79 n. Chr., ausgegraben 1824, L 1,22 x H 1,27 m, Neapel, MANN Inv. 9105.

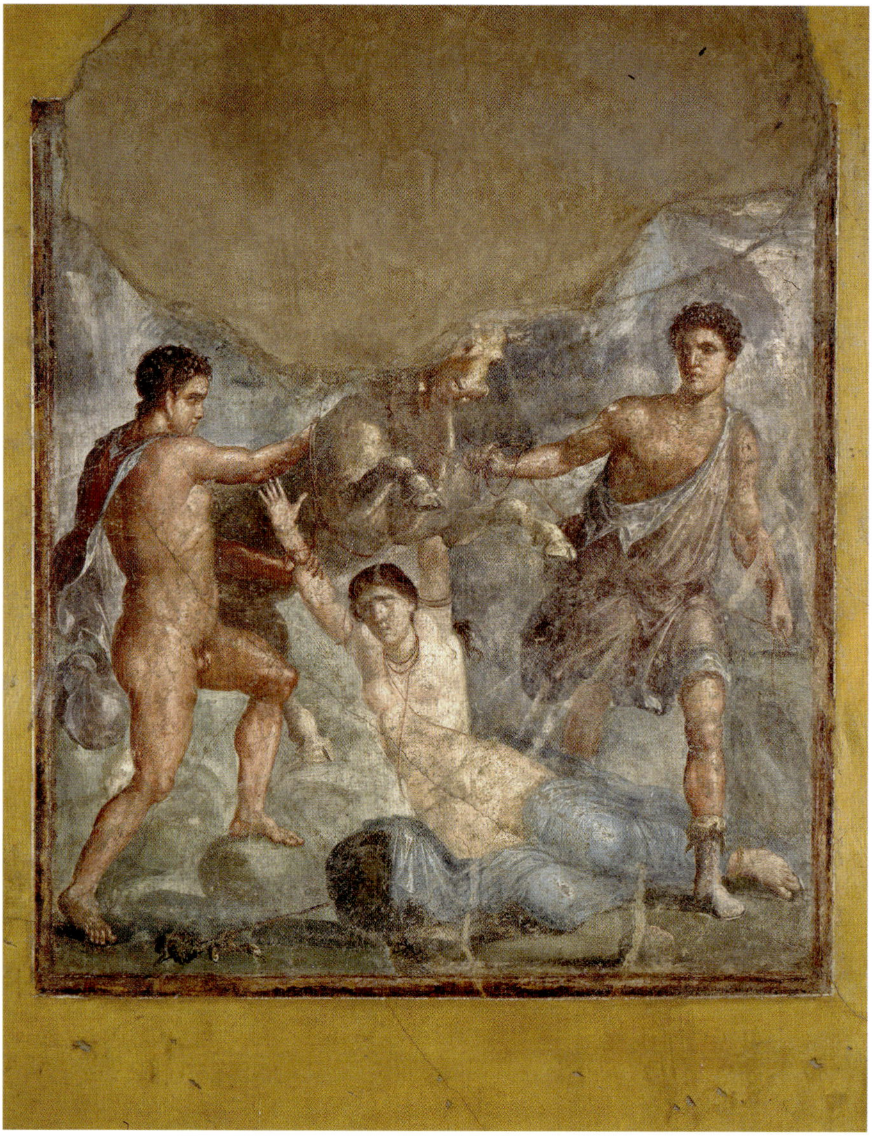

Abb. 14: Dirke wird von Amphion und Zethos unter den Dionysosstier geworfen, Mittelbild der Westwand der Südostexedra in der Casa dei Vettii, Pompeji Regio VI 15, 1,27, um 65 n. Chr. ausgegraben 1894, L 1,02 m H 1.11 m, am Ort.

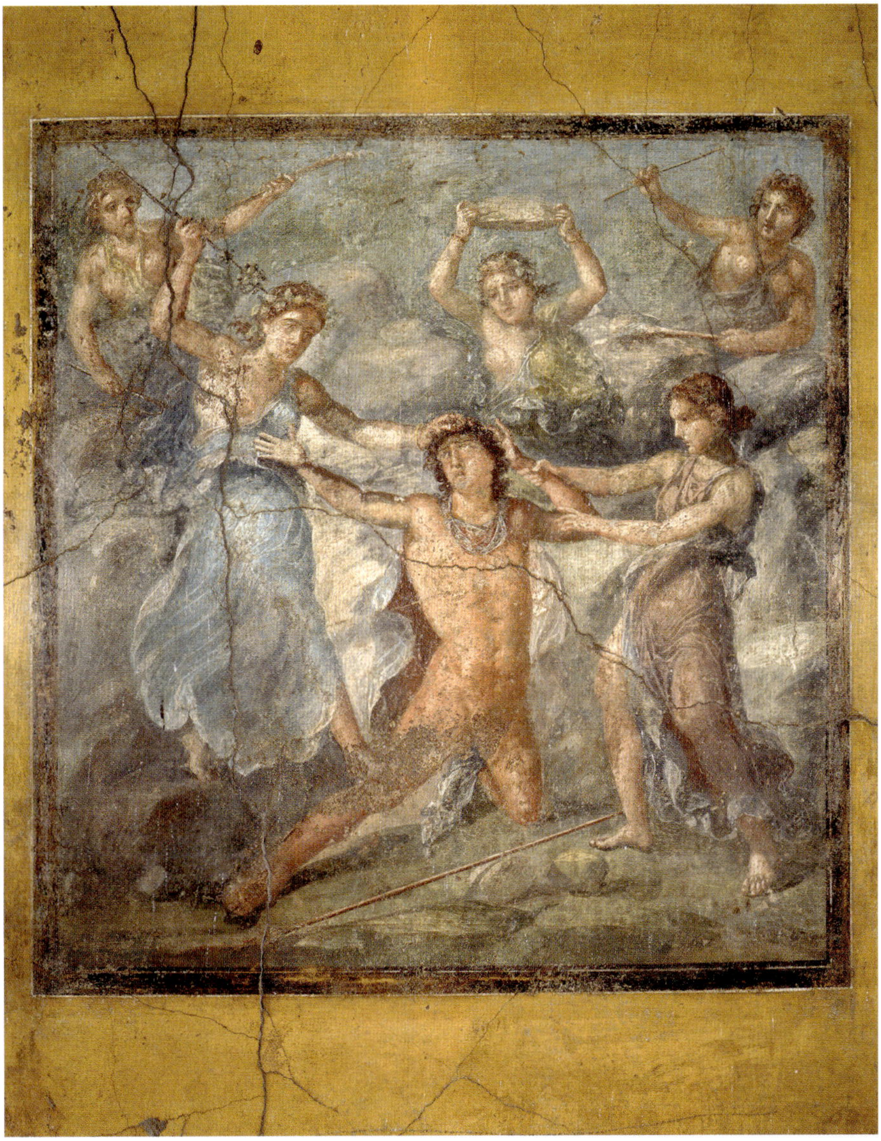

Abb. 15: Pentheus von den Mänaden niedergerungen, Mittelbild der Nordwand der Südostexedra in der Casa die Vettii, Pompeji Regio VI 15, 1,27, um 65 n. Chr., ausgegraben 1894, L 1,00 m H 1,05 m, am Ort.

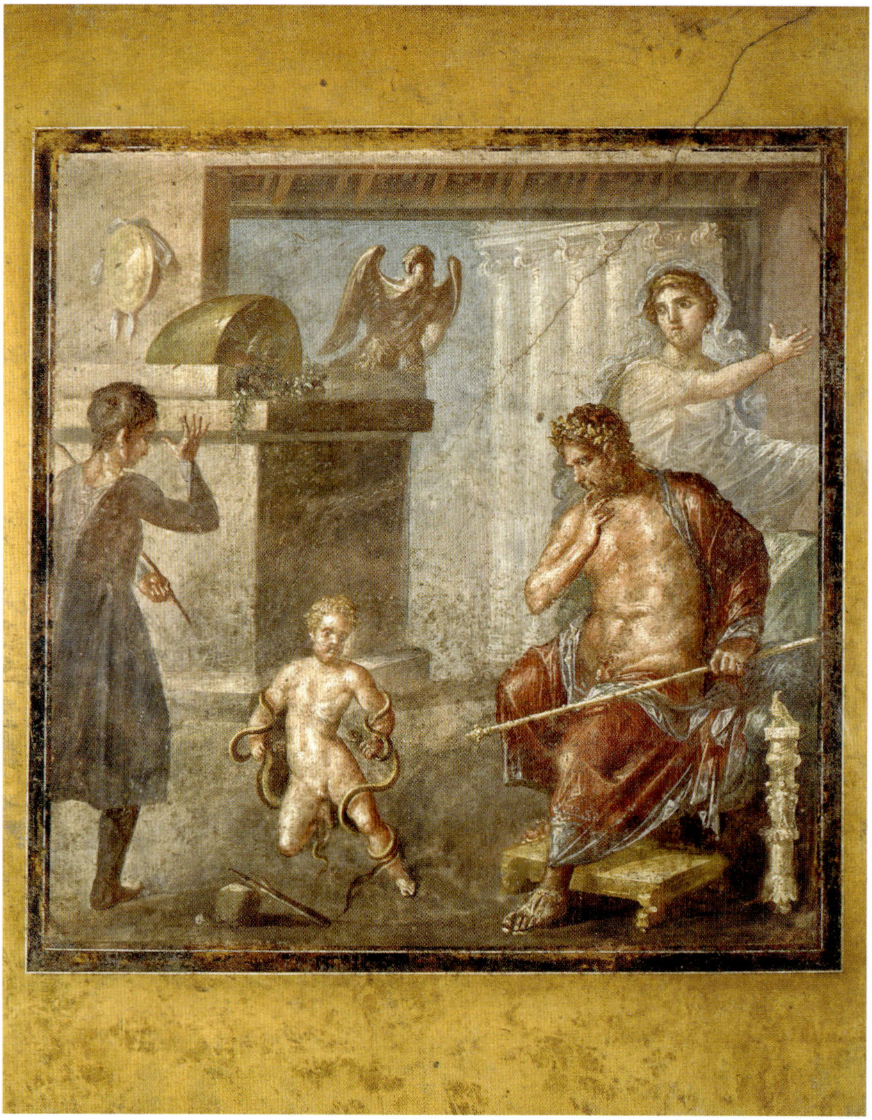

Abb. 16: Amphitryo sieht, wie das Kind Herakles die von Hera gesandten Schlangen mit bloßen Händen erwürgt, Mittelbild der Südwand der Südostexedra in der Casa dei Vettii, Pompeji Regio VI 15, 1,27, um 65 n. Chr., ausgegraben 1894, L 1,02 m H 1,03 m, am Ort.

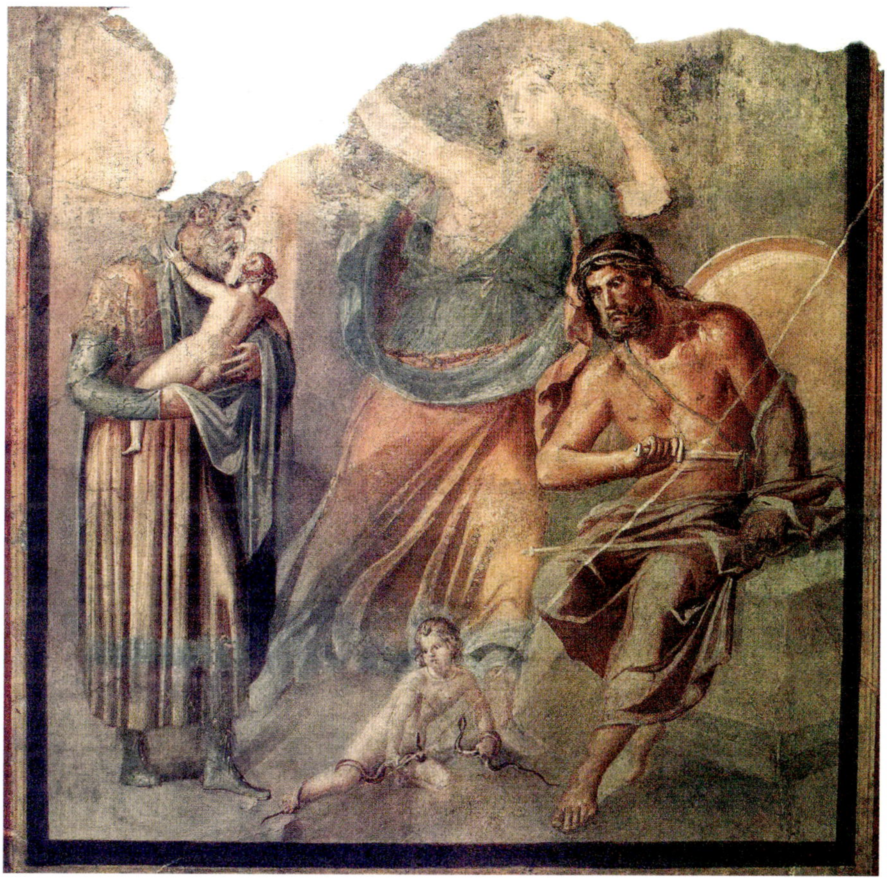

Abb. 17: Amphitryo sieht, wie das Kind Herakles die von Hera gesandten Schlangen mit bloßen Händen erwürgt, aus Herculanum, unbekanntes Gebäude, um 50 n. Chr., L 1,38m H 1,32 m, 50-79, MANN Inv. 9012.

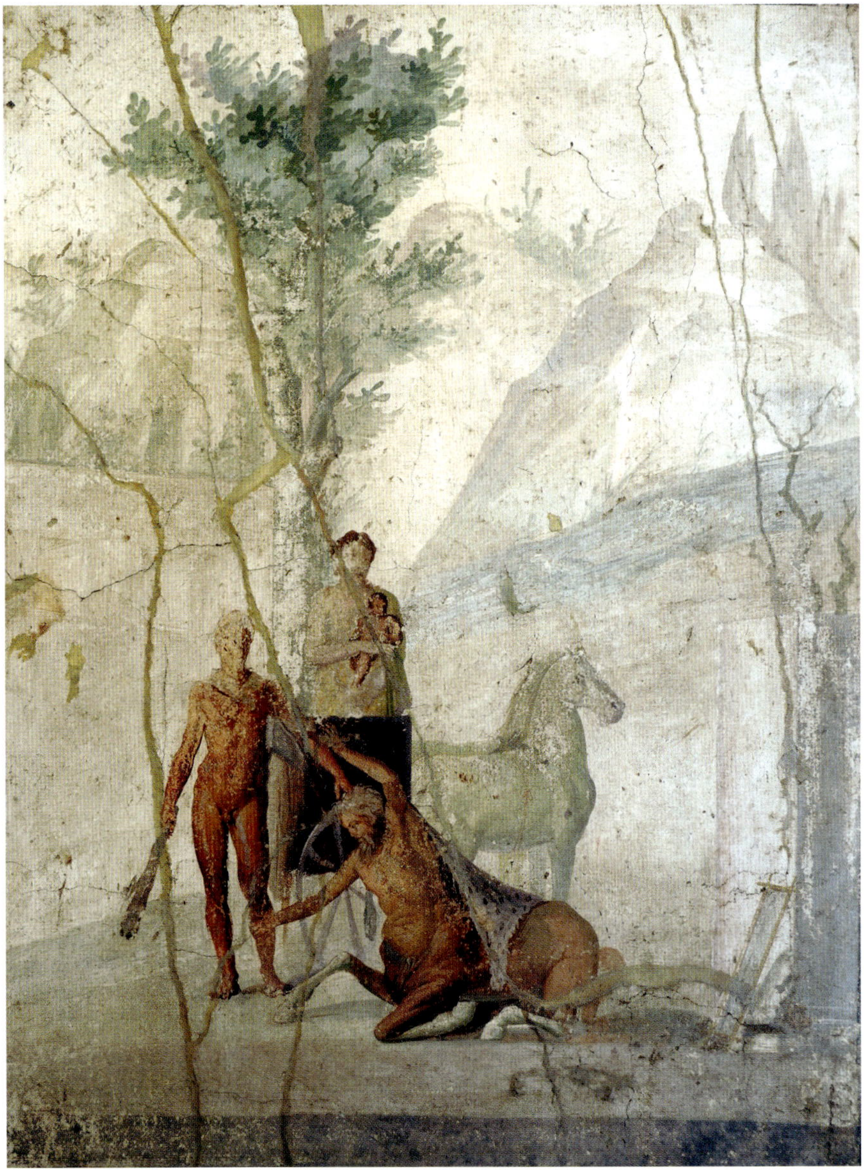

Abb. 18: Das gleiche Thema wie Abb. 19 mit der Abwandlung, dass Herakles den Kentauren schon vorab bestraft und ihm den Kopf niederstößt, aus der Casa di Giasone, Pompeji Regio IX 5,18-21, ausgegraben 1878, 65–79 n. Chr., L 1,25m, H 0, 95m, MANN Inv. 111474.

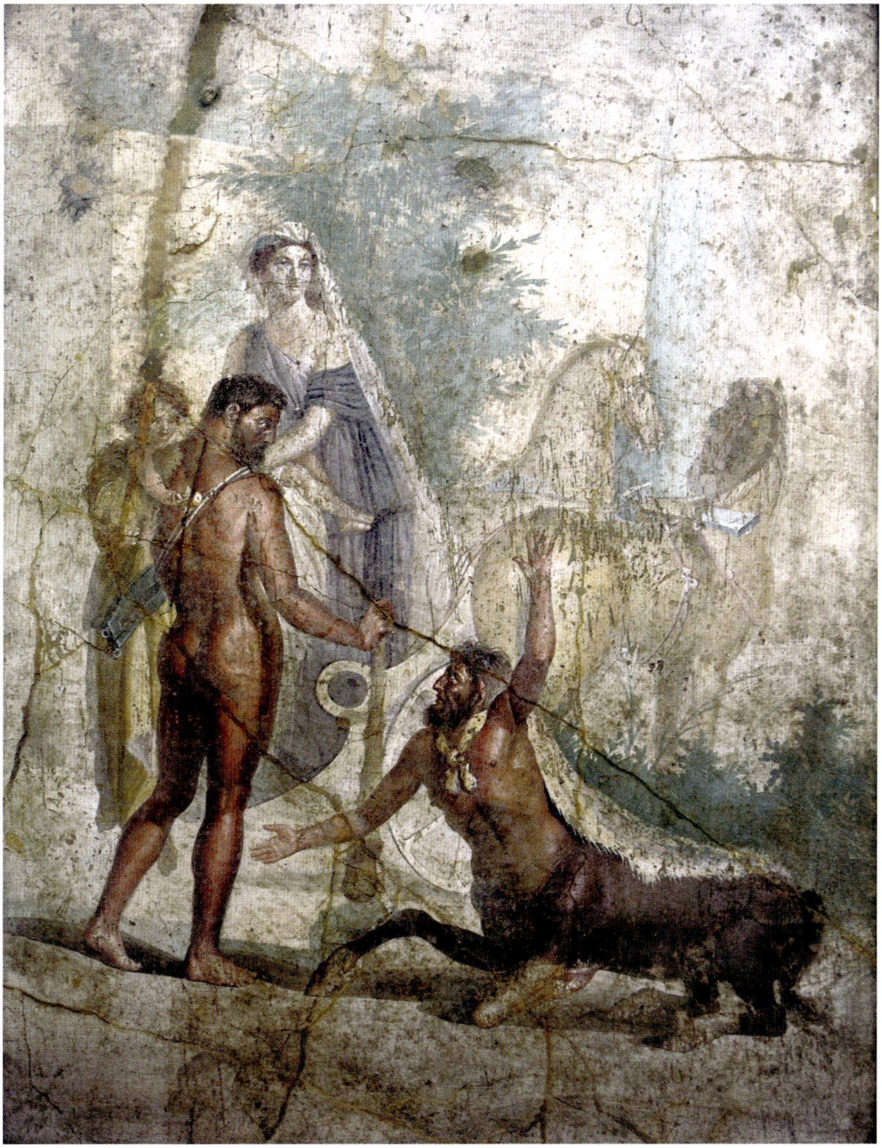

Abb. 19: Der Kentaur Nessos zeigt Herakles mit ausgebreiteten Armen die Tiefe der Furt im Fluss Eunone im Beisein Deianeiras auf dem Zweigespann und ihres gemeinsamen Sohnes Hyllos, um 50 n. Chr., aus der Casa del Centauro, Pompeji Regio VI 9,3, Tablino (26), ausgegraben 1827, L 1,15 x H 1,52m, Neapel, MANN Inv. 9001.

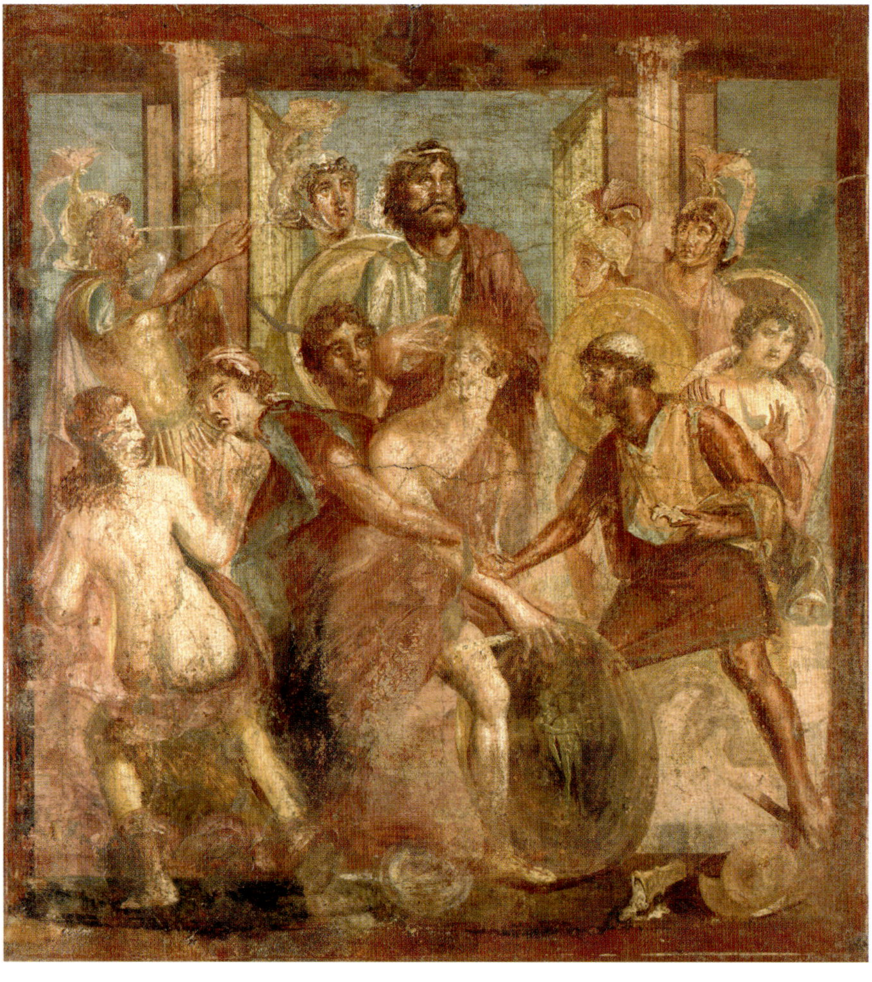

Abb. 20: Achilleus auf Skyros, aus der Casa di Achille, Pompeji Regio IX 5,2, um 62–79 n. Chr., ausgegraben 1877, L 1.00 m H 1,48 m, MANN Inv. 116085.

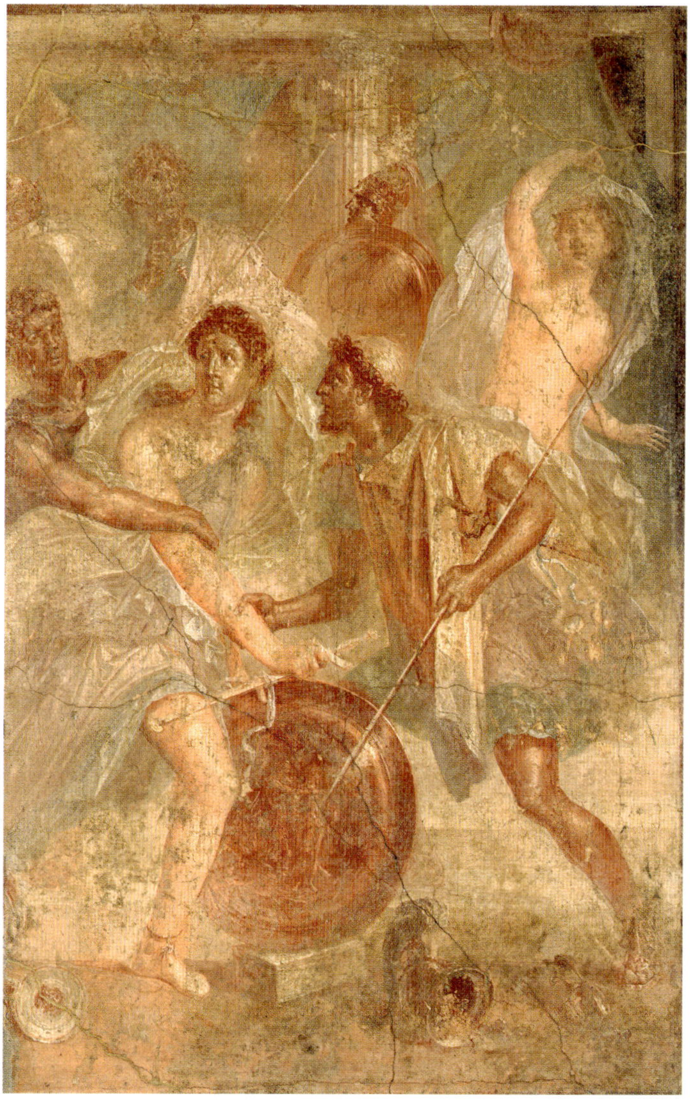

Abb. 21: Achilleus auf Skyros, aus der Casa dei Dioscuri, Pompeji VI 9,6 -7, um 65 n. Chr., ausgegraben 1826, L 1,22 m H 1,30 m, MANN Inv. 9110.